JULES,

OU

LE TOIT PATERNEL.

III.

III.

O Jules, qu'as tu fait !........,
tu viens de tuer un homme !

JULES,

ou

E TOIT PATERNEL.

PAR M. DUCRAY-DUMINIL.

> Quel est cet asile champêtre, au fond de ce
> vallon, près de ce ruisseau limpide?..
> Ciel, je le reconnais, c'est la maison de
> mon père !...

TOME TROISIÈME.

PARIS,

DEINTU, Imprimeur-Libraire, quai des Augustins, n.° 17.

M. D. CCCVI.

JULES

ou

LE TOIT PATERNEL.

I.

> Il est à peine entré dans le monde, et le voilà déjà dans l'embarras des conquêtes. Telles sont les suites du premier pas qu'il y a fait... Il a raison de craindre ; les méchans qui s'acharnent à lui, ne vont pas le laisser respirer une minute.

JULES, depuis sa première faute avec la baronne Détestor, n'avait plus osé écrire à son père, à sa mère, à son Aloyse. On a vu combien la lettre d'Adalbert, qui le flattait en lui permettant une vacance de quinze jours, l'avait rendu honteux de sentir qu'il ne méritait plus des éloges aussi exagérés. Jules néanmoins raisonnait ; s'il se donnait des torts envers la confiance que son oncle lui avait vouée, il méprisait, à juste titre, l'amie de cet oncle qui en avait également abusé. Il se disait : M. Adalbert estimait cette femme ! à peine a-t-elle chez elle le neveu de son ami, qu'elle se respecte assez peu pour céder à l'impulsion des sens d'un jeune homme dont elle devait être, pour ainsi dire, la mère, le guide au moins et le conseil. De quel œil mon oncle regarderait-il à-présent Mme Détestor, s'il savait cette conduite si peu délicate ! Il la mépriserait, lui fermerait sa porte, et m'accuserait, moi ; car c'est ma faute. Combien de fois m'a-t-il mis en garde contre la légèreté de la baronne ! il ne voulait pas d'abord que je cultivasse sa connaissance ; je m'y suis obstiné. Il a cherché à m'éloigner d'elle, en m'engageant à refuser son premier déjeûner ; j'ai voulu encore faire cette démarche. Quels reproches n'aurait-il pas à m'adresser ! Ah, mon oncle, comment tiendrai-je maintenant la promesse que je vous ai faite de vous confier toutes mes actions !... Il faut donc que je vous cache celle-ci ; il le faut pour moi, et pour cette baronne que vous avez cru vertueuse, qui ne l'est pas, qui ne mérite plus ni votre estime, ni la mienne !

Jules avait raison quant à son opinion sur la baronne ; mais qu'il était loin de connaître Adalbert, et comme il avait tort de s'en effrayer!

La Détestor triomphait. Elle jouissait tant qu'elle pouvait de sa conquête ; car elle devinait que Jules reviendrait bientôt de son égarement, et ne tarderait pas à lui échapper. C'est en effet ce que le jeune homme cherchait à faire. Lorsqu'il pouvait quitter un moment la maison enchantée de son Armide, c'était pour voler chez madame Dervisse, où il voyait la prétendue nièce Agathe. Les traits d'Agathe lui rappelaient ceux d'Aloyse, et tout en se sentant coupable envers sa belle cousine, il aimait à la retrouver dans Agathe. Agathe ne parlait jamais; elle avait une tournure roide, un petit air pincé que Jules prenait pour de la décence, pour de la candeur. Souvent les grands yeux bleus de cette jeune personne se fixaient languissamment sur ceux de Jules ; mouillés de quelques larmes, ces beaux yeux semblaient lui dire : Que n'entendez-vous notre langage !

Madame Dervisse au contraire accablait Jules de complimens ; elle l'occupait sans cesse ; elle médisait de tout le monde, et, quand elle était sur le compte de la Détestor, elle ne la ménageait pas plus qu'une autre. Vous ne devriez pas, dit-elle un jour à jules, vous ne devriez pas vous afficher comme cela avec cette femme, que j'aime d'ailleurs de tout mon cœur ; mais on en jase dans le village. Au lieu de vous regarder comme un fils avec sa mère, on vous croit vraiment quelque chose de pis que cela. Si je m'en doutais, Monsieur, vous ne mettriez jamais les pieds ici ; j'ai l'honneur de ma nièce à garder, et je ne souffrirais pas que le Sigisbé d'une Mme Détestor eût l'air d'avoir des prétentions sur le cœur de mon Agathe.... La voilà qui rougit, tenez! regardez-la donc? mais c'est que nous serions désolées d'enlever une conquête à notre meilleure amie. — Plaisantez-vous, belles dames, répondit Jules un peu troublé. Et mademoiselle Agathe aurait-elle de la modestie au point de ne pas se rendre justice, ainsi qu'à moi ? Quand on a sa figure, ses grâces, a-t-on des rivales à redouter, sur-tout de l'âge de Mme Détestor!—Eh bien, venez donc nous voir: vous appuierez, j'en suis sûr, mes projets sur Agathe.... Mais n'allons-nous pas bientôt vous perdre ? — Sous peu de jours, neuf sont écoulés sur quinze que mon oncle m'a donnés. — Cet oncle-là est bien cruel ! mais nous vous verrons cet hiver à Paris ? — J'aurai l'honneur de vous faire ma cour.

C'est ainsi que la Dervisse cherchait à attirer chez elle un jeune homme que la Détestor était convenue de céder à son Agathe. Mais on préparait à Jules un tour d'un autre genre.

Le lendemain, Jules entre chez madame Dervisse, qui est, dit-on, sortie. Il ne trouve qu'Agathe. Agathe, assise près d'une croisée, a la tête enfoncée dans ses deux mains, et un mouchoir sur les yeux. Le bruit que fait Jules en entrant, la tire de sa rêverie, et Jules s'aperçoit que la jeune personne versait des larmes qu'elle s'efforce d'essuyer. Qu'avez-vous, Mademoiselle, lui dit-il ému? — Moi, rien, Monsieur. — Ces beaux yeux semblent avoir pleuré, et votre attitude...— C'est que... oh! je suis bien à plaindre, M. Berny... mais est-ce à vous que je dois faire une confidence!... — A qui donc, belle Agathe, si ce n'est au meilleur de vos amis, à un homme qui vous croit sa parente, puisque vous lui retracez une cousine qu'il adore! — Qu'il adore!.... Monsieur! pouvez-vous me percer l'ame avec de pareilles expressions? — Comment? je ne comprends pas... — Permettez que je me retire, Monsieur (*elle se lève*); votre cœur n'est pas fait pour entendre le mien.

Jules la fait se rasseoir, et répond : Le reproche est cruel. Par où l'ai-je mérité? vous avez des chagrins, et vous me supposez indigne de les adoucir! — Ne croyez pas que ce soit vous, vous seul, qui les causiez, ces chagrins!... Ma tante.... — Votre tante? — Elle me fera mourir; oui, elle me portera à quelque acte de désespoir. — Grand dieu! vous m'étonnez à un point! Mme Dervisse, qui paraît tant vous aimer? — En public, Monsieur, en public, cette femme fausse et inhumaine me prodigue une feinte tendresse qui n'est point dans son cœur. — Est-il possible! — Pourquoi faut-il que je vous aie perdus, dès mon berceau, ô dignes auteurs de mes jours! — Je croyais madame Dervisse.... — Apprenez tout. Sachez, Monsieur,

que cette cruelle parente veut me faire épouser un homme que je déteste, et cela dans l'intention de garder tout mon bien, que son protégé lui laisserait, s'il obtenait ma main. — Ce trait... — Est affreux ! un méchant huissier, un homme de cinquante-cinq ans, qui a une figure, des manières, d'un commun !...
— Et votre tante exige, malgré que vous haïssiez cet homme ?...— Il y a huit jours, Monsieur, il m'eût été moins douloureux d'obéir. — Qui a donc pu depuis vous éloigner davantage ?.... — Vous le demandez, vous, Jules !

Un regard très-expressif fit sentir à Jules qu'il était la cause de la désobéissance d'Agathe. Il ne fut pas très-enthousiasmé de cette espèce d'aveu ; cependant son amour-propre en fut flatté ; et, rapportant tout à son Aloyse qu'Agathe lui retraçait, il trouva ingénieux de répéter avec elle les tendres conversations qu'il avait eues avec sa cousine. Serait il vrai, s'écria-t-il, Agathe, j'aurais le bonheur de ne vous être point indifférent ! — Votre triomphe sur ce M. Potten qu'on me destine, n'est pas très-glorieux; il est si laid, si odieux ! mais ma tante a donné sa parole, il faut que j'obéisse. — Comment n'avez-vous pas le courage de lui avouer ?... Je lui en parlerai, moi, je lui dirai qu'il est indigne de sacrifier... — Gardez-vous en bien, Jules ! si elle savait que je me fusse plainte à vous, un couvent, dont elle m'a déjà menacée vingt fois, deviendrait à jamais mon asile. —

Ah! madame Dervisse, qui m'aurait pu persuader cela de vous ! — Jules, vous connaissez maintenant et mon malheur et ma... faiblesse. — Appelez-vous faiblesse ce sentiment si touchant de l'amour qui parle à un cœur sensible! Vous daignez m'aimer, Agathe; ah! croyez que si mon cœur n'était pas tout entier à mon Aloyse !... — Malheureuse !

Agathe se met à fondre en larmes. Jules, effrayé, l'interroge : eh bien, eh bien, Agathe, qu'avez-vous ? — J'oubliais que votre cœur était engagé. Ah! pourquoi vous ai-je vu !

Jules employa toute sa rhétorique à consoler la belle pleureuse, et la tante qui rentra interrompit cette scène, jouée avec beaucoup d'adresse par la petite personne.

Jules trouva la tante un peu plus sévère que de coutume envers Agathe. Madame Dervisse annonça sèchement à sa nièce que M. Potten les attendait à dîner le lendemain à Paris. Jules demanda si ces dames reviendraient le soir même à Saint-Brice. — Non, oh non, répondit la tante. Nous avons à terminer à Paris une affaire (elle lance à sa nièce un regard qui la fait trembler); oui, une affaire qui nous y retiendra bien un mois. Ma nièce même y restera. — Quoi! vous voulez...

Agathe tire Jules par son habit pour le faire taire, et Jules se contente de dire : en ce cas, mesdames, veuillez recevoir mes adieux. J'attends aussi le moment de retourner à la capitale; j'espère...

Il salue et se retire. En rentrant chez la baronne, il pense au malheur d'Agathe, à la tendresse qu'il lui a inspirée, et il ressent pour elle un vif intérêt.

La baronne le reçoit on ne peut pas plus mal. Qu'est-ce que cela veut dire, Jules, s'écrie-t-elle, il faut que vous soyez tous les jours chez les Dervisses!... J'ai des yeux; je vois qu'Agathe vous inspire quelque goût; mais ne croyez pas que je souffre la moindre infidélité de votre part. J'exige que vous ne remettiez plus le pied chez ces femmes, et si vous y retournez, vous m'y trouverez aussi. — Eh quoi, baronne, vous seriez jalouse... — A la fureur! on ne perd pas tranquillement un cœur tel que le vôtre. Je sais que mille femmes chercheront à me le disputer ; mais pour vous ôter l'envie de me trahir, je vais être sans cesse attachée à vos pas. — Vous prétendez ?... — Vous suivre par-tout. J'ai pris mon parti là-dessus ; ainsi prenez le vôtre.

Elle se retire en murmurant contre les dames Dervisse, et l'on remet un billet à Jules. Ce billet, qui est d'Agathe, renferme ce peu de mots :

« Je ne devrais pas vous écrire,
« monsieur ; mais mon malheur, qui
« est au comble, doit faire excuser
« cette faute. C'est pour épouser ce
« M. Potten qu'on m'entraîne à
« Paris. Plutôt la mort ! oh ! per-
« mettez-moi d'aller vous voir, ac-
« compagnée par ma fidèle femme
« de chambre. Soyez mon protec-

« teur, mon guide, mon père. Vos
« conseils régleront ma conduite...
« Je vous verrai sous deux jours,
« tous les jours ensuite, et vous ne
« refuserez pas votre appui à l'in-
« nocence, à l'amour au déses-
« poir... »

AGATHE DERVISSE.

Fort bien, se dit Jules, me voilà entre deux femmes qui jurent de ne pas me quitter! Pour madame Détestor, je dois la fuir, je la fuirai. Une fois à Paris, je saurai me débarrasser d'elle, et s'il le faut, j'emploierai pour cela le crédit de mon oncle, quand je devrais lui avouer l'espèce de séduction dont elle a usé envers moi. Mon oncle est un homme, il doit excuser..... Mais pardonnera-t-il!... et Agathe? elle est bien jolie, Agathe! c'est tout Aloyse. Quel meurtre que de sacrifier une aussi aimable enfant!... Je verrai... Comme il n'y a aucun mal dans ses démarches, dans les miennes, M. Adalbert pourra m'aider à protéger cette jeune personne contre le despotisme d'une tante altière et cupide.

Tels étaient les projets de Jules. Mais lui même il avait besoin d'indulgence avant d'en demander pour les autres.

Quinze jours avaient été plus que suffisans pour le dégoûter de la Détestor. Il désirait que son oncle vînt le chercher; et il redoutait ce moment où il serait obligé de rougir, de mentir devant cet homme auquel il supposait les principes les plus sévères.

Ce moment fatal arriva. Adalbert se présenta, un matin, chez madame Détestor. Tandis que la baronne lui ouvre ses deux bras bien grands en s'écriant : Ah! vous voilà, mon bon, mon excellent ami, Jules rougit jusqu'aux yeux, et balbutie un : bonjour , mon oncle, avez-vous fait un bon voyage ? — Très-bon, mon ami, répond Adalbert. Enfin nous voilà réunis. Je te trouve un peu fatigué. Est-ce que tu as été malade à la campagne ?

Jules rougit davantage en devinant la cause de ce léger changement. Il réplique : non. Je me suis bien.... porté. Vous me trouvez changé? — Un peu. C'est que tu auras couru, pris trop d'exercice... Baronne, vous en avez eu bien soin, n'est-ce pas? — Le plus grand soin. Demandez-le lui. (*Elle sourit*). — Oh! je m'en rapporte bien à vous. Les femmes de votre âge sont des secondes mères pour les jeunes gens. — Vous pourriez fort bien vous dispenser de mêler mon âge à tout cela ; mais je vous le pardonne. Eh bien, est-ce que vous me l'emmenez aujourd'hui ? — Vraiment, je ne vous l'ai pas laissé assez long tems ! Vous devriez m'en remercier. — Je ne dis pas non. Monsieur votre neveu est assez aimable pour.... — A-t-il été sage au moins ? — Comment, sage ? — Je veux dire s'il s'est montré reconnaissant de vos bontés pour lui ? — Très-reconnaissant ; oh, là-dessus, je n'ai pas de reproches à lui faire. D'ailleurs interrogez-le.

Jules est bien loin de sentir l'ironie de ce persifflage. Il croit que son oncle est à cent lieues de soupçonner la vérité. Il n'en reste pas moins très-embarrassé. On cause, on se promène, on dîne, et la conversation roule sur différens sujets. Je t'ai ménagé une surprise, dit Adalbert à Jules, qui ne te fera pas de peine, j'en suis sûr. — Laquelle, mon oncle? — Voilà ce que c'est. Forville, qui a le projet de se retirer tout-à-fait dans ses domaines, a trouvé une excellente occasion de vendre fort cher la maison qu'il occupait à Paris. Il m'a demandé un pied à terre chez moi. Je lui ai cédé ton logement, la pièce contigue à la mienne que tu occupais; et toi, je te donne le corps-de-logis du fond de mon jardin. Il est commode, il a une porte sur la petite rue; tu seras libre d'aller, sans nous interrompre, à tes leçons, à tes affaires; mais tu verras comme je t'ai fait meubler pendant mon absence, ta petite maisonnette. Rien n'y manque, et en vérité un ménage y logerait.

Jules aurait pu demander pourquoi Adalbert avait donné sa chambre à Forville, plutôt que ce corps-de-logis. Il y pensa; mais il n'osa pas en faire la question. Il dit seulement : Eh quoi, mon oncle, vous m'éloignez ainsi de vous ? — Je t'éloigne! dans la même maison ? Quand on est ensemble aux heures des repas, quand on veut, tu appelles cela t'éloigner ? Tu devrais, au contraire, me savoir gré de la confiance que j'ai en toi; car tout autre n'aurait pas mon corps-de-logis, où, éloigné la nuit de mes yeux, on pourrait faire bien des sottises; mais mon Jules! un homme si sage, si rangé! ah! je n'ai nullement balancé à lui donner son logement à part. Faustin t'y servira d'ailleurs ; il sera à toi comme à moi, et Faustin est un garçon sûr, fidèle, sur lequel je puis compter. Il ne faudrait pas qu'il vît chez mon jeune homme des personnes qui ne devraient pas s'y trouver, il saurait fort bien me le dire. Mais je n'ai ni craintes à éprouver, ni précautions à prendre avec Jules. Il ne sait point abuser de sa liberté, et dès ce soir, il l'aura pleine et entière.

Tous ces éloges étaient autant de coups de poignard pour le pauvre Jules, qui pensait qu'un pareil logement faciliterait ensemble et les visites d'Agathe et celles de la Détestor. Il aurait bien voulu que son oncle n'eût pas eu l'idée de lui faire une pareille surprise ; cependant Jules ne pouvait pas refuser sans des raisons, et ces raisons, il ne devait pas les alléguer.

La Détestor, qui voulait suivre son amant, avait donné des ordres pour que tout fût prêt aussi pour son départ avec ses hôtes, et sous le prétexte, vis-à-vis d'Adalbert et de Jules, qu'elle n'était restée à la campagne que pour y tenir compagnie au neveu de son ami. Cette résolution de la Détestor fit beaucoup de peine à Jules, qui devina son but et les importunités dont elle allait l'accabler. Le pauvre garçon ! il est à peine entré dans le monde, et le voilà déjà dans l'embarras des conquêtes ! Telles sont les suites du premier pas qu'il y a fait. Il a raison de craindre ; les méchans qui s'acharnent à lui, ne vont pas le laisser respirer une minute.

On arriva à Paris, où la baronne se sépara de ses amis, non sans serrer la main de Jules et lui lancer un regard qui voulait dire : Nous nous reverrons demain. Adalbert conduisit Jules à son corps-de-logis, qui était en effet meublé avec beaucoup d'élégance. On sait que ce corps-de-logis ne comportait que deux pièces. Celle d'en-bas devait servir à Jules de cabinet de travail ; la chambre au-dessus était sa chambre à coucher. Une porte sur la rue permettait d'entrer, de sortir, sans être vu de la maison ; et Jules, sans sentir la perfidie qu'on avait de lui laisser une telle facilité, n'en était pas très-charmé en pensant que la Détestor, qu'il redoutait, viendrait souvent l'assaillir par cette porte. Mais mon oncle, dit-il, je ne vois pas M. Forville, est-ce qu'il n'est pas encore installé dans la pièce que j'occupais? — Forville est parti depuis deux jours pour sa terre de la Pommeraye; il verra tes parens par la même occasion. Je ne croyais pas Forville si près de nous quitter; sans cela, je t'aurais laissé encore ton logement; mais une lettre de son fermier l'a forcé à ce brusque départ. Il reviendra vers la fin du mois, et nous vivrons ici comme trois bons amis. Eh bien, la baronne? qu'avez-vous dit, qu'avez-vous fait ensemble à sa jolie campagne ? Avez-vous vu du monde ? vous êtes-vous bien amusés ? — Mon oncle.... cette dame.... vous l'estimez beaucoup ? — Singulièrement. Cependant, je te l'ai marqué, je trouve qu'elle devient de plus en plus légère et très-inconséquente. Quelle est ton opinion sur son compte ? — Moi, je.., la juge à-peu-près comme vous. — J'ai appris d'elle des choses.... — Quoi donc ? — Si ce n'était pas médire de mon prochain, défaut que j'ai en horreur, je te raconterais ce que le hasard m'a fait découvrir..... Voyons, quelle a été sa tenue, sa conduite envers toi ? — Mon oncle... — Tu balances, tu te troubles ? ne suis-je pas ton confident, ne m'as-tu pas promis ?... — Mon oncle, je erais bien curieux de savoir les découvertes que vous avez faites sur cette dame ..... — Eh bien, tu t'arrêtes encore ? ce que l'on m'a dit peut être une pure calomnie, et je le crois. Cependant je ne suis pas curieux de la voir aussi fréquemment qu'autrefois, et peu-à-peu, mon intention est de lui fermer ma porte. — Oh, que vous ferez bien, mon oncle. — Tu saisis cette idée avec un empressement qui me ferait croire que tu as eu lieu de te plaindre de cette femme ? — Moi, comment ? — C'est ce que j'ignore. Néanmoins, je te trouve très-refroidi envers elle. — Mais, je... je ne l'ai jamais vue que comme votre amie. — Tu balbuties, tu n'es pas franc. — Qu'aurais-je à vous dire ?.... — Jules, vous me cachez un secret. Je suis p que vous dissimulez, et cela n'est pas bien. Comment puis-je vous guider, vous donner des conseils, vous arrêter si l'on cherche à vous tromper, dès-lors que vous ne tenez plus le serment que vous m'avez fait de me confier tout ce qui vous arriverait?...Vous gardez le silence? j'ai eu tort, oui, je vois que j'ai eu le plus grand tort de vous laisser aller à Saint-Brice. Je m'y opposais, vous l'avez voulu. Vous sentez bien que je ne puis deviner ce que vous y avez fait; mais je le saurai; un jour je le découvrirai, et j'aurai le droit de vous faire des reproches, si vous les méritez...Laissons cette conversation : nous pourrons la reprendre demain en déjeûnant.

Adalbert quitta froidement Jules, qui se mit au lit, accablé par ses réflexions.

I I.

Ces femmes-là ont une morale si relâchée ! elles n'inspirent à un jeune homme que le mépris des bienséances et la désobéissance à leurs supérieurs. Elles ne vous parlent des auteurs de vos jours qu'avec un petit ton leste, qui altère peu-à-peu le respect que vous devez à vos parens, qui, par la suite, vous les fait regarder comme des tyrans ou des sots.

Levé de bonne heure, Jules entendit frapper doucement à la porte de la rue qui donnait dans son cabinet de travail. Déja tourmenté, se dit-il ! c'est la baronne, ou mademoiselle Dervisse. Qui aurait pu prévenir cette dernière de mon retour à Paris, de mon changement d'asile, et des localités de ce logement? Si c'était pourtant mademoiselle Agathe !...

Son cœur lui dit d'ouvrir à cette jeune beauté pour laquelle il ressent une vive affection.... Ce n'est point elle. Jules voit entrer madame Détestor qui, pâle, troublée, se jette sur un siége en lui disant: Jules, mon cher Jules, si je suis matinale... Je n'en puis plus; laissez-moi respirer. —Qu'avez-vous donc, baronne? — Rien, peu de chose... un événement qui m'arrive... une maudite parente... Jules, je n'espère qu'en vous, je n'ai plus que vous, Jules. —Vous m'effrayez. Que vous est-il arrivé?...

La baronne se remet, et jette ses bras au cou de Jules, en lui disant, les larmes aux yeux : Jules, es-tu toujours mon ami ?

Jules la repousse froidement et répond : Avant tout, veuillez me mettre au fait ? — Mais, rien... je n'ai absolument rien. —Cependant vos yeux sont chargés de larmes. — Je suis...forcée de déménager, de changer de nom même; une femme impérieuse me poursuit... je suis prévenue qu'elle pousse sa haine contre moi jusqu'à vouloir attenter à ma liberté. — A votre liberté ! quels motifs aurait-elle ?— Jalousie de famille, inimitié d'enfance. Cela date de loin.—Il faut cependant des raisons pour... —M'estimeriez-vous assez peu, Jules, pour croire que cette femme eût des motifs suffisans à alléguer contre moi ! Je vous le répète, je n'ai point donné lieu à ses persécutions. Cependant quelques affaires mal en ordre, dont elle peut profiter pour me perdre... tout exige que je change de nom, de quartier, et je viens vous prier de m'aider. — En quoi? — Vous connaissez ma mortelle ennemie.— Moi? — C'est la marquise d'Arancourt. — La marquise d'Arancourt, qui demeure près de mon père? — Elle-même; elle est à Paris. — Dans ce moment? — Depuis quatre jours. Elle connaît notre liaison.— Notre?... — Ma femme-de-chambre, que je viens de renvoyer, me trahissait. Elle a fait part à la marquise de nos tendres tête-à-tête de Saint-Brice, et la marquise a écrit tout cela à votre père. — Ciel! où me cacher! — Comment, où vous cacher? est-ce que votre père est un cagot comme votre Adalbert? ne sait-il pas bien qu'il faut qu'un joli jeune homme ait des femmes? — Vous m'avez désespéré, baronne ! mon père sait... Grand Dieu ! et Aloyse !.. son cœur doit m'être fermé pour jamais. — Allons donc, vous raisonnez en enfant. Est-ce que l'on perd le cœur de tout le monde pour avoir cédé à une inclination. Revenons à mon affaire. — Quelles suites tout cela peut avoir ! mon père apprendra cette faute à mon oncle, et M. de Faskilan peut me retirer son estime, sa confiance... Oh, Jules, qu'as-tu fait ? — Ne vous alarmez donc pas comme cela pour rien ? on croirait que vous avez affaire à des pédans qui ne savent point pardonner les faiblesses du cœur. — O mon père, et vous ma tendre mère, que pensez-vous de moi à présent !

Jules est vraiment désolé. La baronne cherche à le consoler. Il n'y a qu'un moyen à prendre, mon cher enfant, lui dit-elle, c'est de nier. — Nier ? — Oui, sur la première lettre que vos parens vous écriront, aux premiers reproches que vous essuierez d'eux ou d'Adalbert, il faut nier, dire qu'une domestique, mécontente d'être renvoyée, a imaginé cette calomnie. — Mentir ! — Eh, quel scrupule auriez-vous ? ce n'est pas là le plus difficile. La position où je me trouve est plus embarrassante. Cette marquise qui me poursuit, invente mille noirceurs pour me perdre. A l'entendre, je suis une femme sans mœurs, sans délicatesse, que sais-je ! elle vous en dira de belles quand elle vous verra, je sais qu'elle se propose de vous voir. Jules, il faut me servir, adoucir son ressentiment, lui faire de moi les éloges que je mérite, et sur-tout venir souvent, très-souvent me consoler dans ma nouvelle retraite, dont voici l'adresse, où, sous le nom de madame Belly, je ne verrai que vous, je ne recevrai que vous seul. Me promettez-vous ?... — Non, oh non, Madame, ne comptez pas sur mes visites, sur mes consolations. Vous êtes cause que je vais perdre l'estime de mes parens. Je ne vous reverrai de ma vie ! — L'ai-je bien entendu ! Jules aussi m'abandonnerait ! non, mon cher enfant, tu n'auras pas cette barbarie. Tu verras mes larmes, elles toucheront ton cœur sensible.

La baronne verse des pleurs véritables. Jules n'a pas la force de la désespérer. Il lui conseille de voir Adalbert, de se mettre sous sa protection. — Non, lui répond la baronne, je n'oserai jamais m'offrir aux regards de M. de Faskilan. Ne va-t-il pas apprendre, par son ami Berny, ma faiblesse pour vous, l'abus que j'ai fait de sa confiance. Adalbert est si sévère sur les principes! quels reproches n'aurait-il pas à me faire! Je ne le reverrai plus. — Mais, en vous servant envers lui du moyen que vous proposiez tout-a-l'heure, en niant ? — Ah bien oui... on le pourrait... sans doute... mais mon trouble, la rougeur de mon front me trahiraient; et s'il venait là, mon cher enfant, vous me verriez perdre connaissance. J'ai eu tort de vous céder, imprudent jeune homme. C'est vous qui m'avez perdue; je crois avoir bien le droit d'exiger que vous soyez mon consolateur. Adieu. Je tremble qu'Adalbert ne me trouve ici. Cette marquise d'Arancourt elle-même pourrait venir; je dois fuir leurs regards. Jules, je vous attends tantôt, tous les jours. Songez que si vous m'abandonnez, si vous me laissez seule dans mon asile, ignoré de Perrot, de toutes mes connaissances, excepté de vous, soyez sûr, Jules, que je viendrai vous fatiguer ici de ma présence, et que les coups d'éclat les plus violens ne me coûteront rien pour me venger d'un ingrat.

La baronne sort, laissant Jules presque anéanti de ses menaces et de tout ce qu'elle vient de lui apprendre On a vu que la Détestor avait encore mêlé la ruse et l'artifice aux vérités que contenait son récit ; car le lecteur sait qu'elle est vraiment dans l'embarras, puisque la marquise d'Arancourt est partie dans l'intention d'obtenir contre elle une lettre de cachet.

Adalbert fait demander Jules pour le déjeûner. Jules est pâle, tremblant en paraissant devant son oncle. Adalbert lui prouve la même affection, ce qui fait croire à Jules que son père n'a pas encore écrit.

Jules sort pour aller reprendre le cours de ses leçons. A peine a-t-il mis le pied dans la rue des Postes, qu'il y rencontre le père Augely.

Le père Augely lui prend le

bras, et lui dit de l'air le plus sévère : Il y a deux heures, Monsieur, que je suis là dans la rue. Comme on me refuse continuellement votre porte, je n'ai trouvé d'autre moyen de vous voir, que celui d'attendre que vous sortiez de cette maison. Où allez-vous ? — Mon père, je me rends à l'école de droit. — Veuillez, Monsieur, venir faire avec moi deux tours au jardin du Luxembourg ? il faut que je vous parle. — Monsieur, le tems me presse ; je dois.... — Il faut que vous ayez la bonté de me céder. C'est par ordre de votre père, que j'insiste, de votre père dont j'ai reçu, hier au soir, ce paquet, dans lequel il y a une lettre pour vous. — Pour moi ?... Monsieur, je vous suis.

Il s'établit dès-lors, tant en route

qu'au Luxembourg, entre le père Augely et Jules, une conversation dont je vais rapporter la substance. Qu'avez-vous fait, Jules, dit le bon père, à quelle vile courtisane vous êtes-vous livré ? — Quoi, mon père, vous sauriez ? — Tout, et vos parens aussi. Une domestique de votre baronne a tout révélé à madame d'Araucourt, qui en a écrit sur-le-champ à votre père. Voici ce qu'il me mande à ce sujet :

« Respectable ami, que ne vous
« ai-je cru plutôt ! Jules est tout-à-
« fait dans le sentier du vice. Il y a
« fait déjà le pas le plus dangereux.
« Une femme sans mœurs, une ma-
« dame Détestor, que les lois vont
« bientôt punir, l'a maintenant chez
« elle, à sa campagne, où Jules a
« perdu l'innocence... il n'y a pas un

« moment à différer. S'il est encore
« chez cette misérable, à St.-Brice,
« veuillez vous y rendre, et lui
« ordonner de ma part de vous
« suivre, de quitter la maison d'A-
« dalbert, d'aller enfin demeurer
« chez vous, auprès de vous? Je ne
« doute pas que vous ne me rendiez
« ce service dont dépend notre
« tranquillité à tous ici. Cet Adal-
« bert m'est bien suspect mainte-
« nant. Il voit au moins très-mau-
« vaise compagnie! Je ne puis con-
« tinuer, mon ami....., je vais vous
« affliger en vous apprenant que je
« suis malade, très-malade. Des
« crachemens de sang répétés de-
« puis hier, m'affaiblissent au point
« que j'ai toutes les peines du monde
« à vous tracer ces caractères. Sans
« cela, je serais parti pour Paris...

« mais je ne le puis. Ma nièce Aloyse
« est fort indisposée aussi. Nous
« craignons qu'elle n'ait la petite-
« vérole qui l'avait épargnée jusqu'à
« présent. Ma femme, comme vous
« vous en doutez, est notre garde-
« malade, et la lettre de madame
« d'Arancourt, qui nous apprend
« que c'est Jules que la Détestor
« *forme* en ce moment, ajoute en-
« core à nos maux.

« Je mets un billet dans cette
« lettre pour mon coupable fils, et
« madame Berny écrit de son côté
« à M. de Faskilan... Elle me donne
« sa lettre ; je l'enferme dans ce
« même paquet, afin que vous puis-
« siez la montrer à Jules, qui la
« remettra ensuite lui-même à M.
« Adalbert.

« Ma plume échappe de mes

« doigts.... Aussitôt que je serai
« rétabli, j'irai vous rejoindre
« tous.

Votre ami, etc. »

Le père Augely donne à Jules le papier que son père lui adresse. Jules lit :

« Au reçu de ce billet, Mon-
« sieur, vous remettrez à M. de Fas-
« kilan la lettre que votre mère
« lui écrit, et vous quitterez sur-
« le-champ sa maison. Le vénérable
« père Augely voudra bien vous
« donner un asile chez lui. Vous n'y
« rencontrerez point de femmes
« comme celle qui vous a rendu
« parjure à votre Aloyse qui, heu-
« reusement pour elle, ignore votre
« faute.

« Songez que je cède au père
« Augely tous mes droits sur vous,

« que vous devez l'écouter en tout
« point, et lui obéir comme à
« moi.

Votre père, etc. »

Le père Augely lit ensuite la lettre que madame Berny adresse à M. de Faskilan :

« Depuis le départ de Jules,
« Monsieur, il était revenu à mon
« mari et à moi, sur votre compte,
« quelques renseignemens peu fa-
« vorables. Nous n'avions pas cepen-
« dant ajouté beaucoup de foi à ces
« avis, et nous aimons encore au-
« jourd'hui à les croire sans fonde-
« ment. Je me dispenserai de vous
« les rapporter. Seulement, il est un
« fait certain. C'est qu'une femme
« de vos amis, femme des plus mé-
« prisables, une madame Détestor,

« qui serait la mère de Jules, a cor-
« rompu ce jeune homme au point
« d'en faire ouvertement son amant...
« Vous sentez ce que je souffre en
« vous traçant ces mots douloureux
« pour une famille qui, sans pousser
« les principes de vertu jusqu'à la
« rigueur, sur-tout relativement au
« sexe de Jules, désirerait qu'au
« moins une liaison ne fût pas aussi
« disproportionnée d'âge, aussi
« scandaleuse. Je vous laisse faire
« les réflexions que doit vous sug-
« gérer la prudence, sur votre peu
« de surveillance!...

« Vous voudrez donc bien ne
« pas nous en vouloir si nous vous
« retirons notre fils. Un autre ami
« moins complaisant pour ses pas-
« sions, se charge de le loger, jus-
« qu'à ce que mon mari, qui est

« malade, puisse aller le chercher.
« Si même la santé de M. Berny
« m'alarmait davantage, je ferais
« revenir mon fils, et, ce parti, je
« pourrai fort bien le prendre d'ici
« à quelques jours. En attendant
« veuillez l'envoyer chez le père
« Augely, à qui nous remettons et
« nos droits et toute notre con-
« fiance. Je suis, etc.

Aura Duverceil, *femme*
Berny. »

Le père Augely. Eh bien, Jules, que dites-vous de tout cela ?

Jules. Je suis accablé, Monsieur, anéanti. Mon trouble et ma honte sont au comble.

Le père Augely. En ce cas, je ne vous ferai point de reproches.

Votre conscience vous en adresse assez. Nous ne parlerons que des nouveaux arrangemens que nous avons à prendre.

Jules. Vous me permettrez néanmoins, Monsieur, de vous objecter que mon père et ma mère ont de M. Adalbert une opinion des plus injustes.

Le père Augely. Vous le croyez ?

Jules. Mon oncle, je l'affirme, Monsieur, est le plus honnête homme de la terre ! c'est un modèle de toutes les vertus.

Le père Augely. Comment ; un homme qui vous lie avec une femme perdue de mœurs, qui souffre que vous viviez avec elle dans un commerce honteux !

Jules. Voilà comme vous le jugez tous ; et, plus vous vous abusez sur son compte, plus vous le calomniez...

Le père Augely. Il est impossible de calomnier un tel homme.

Jules. C'est cependant ce que l'on fait, et ce qui redouble mon attachement pour lui. Non, Monsieur, mon oncle ne m'a point lié avec madame la baronne Détestor. Il ne souffre aucune liaison vicieuse de ma part; car il ignore ma faute.

Le père Augely. Il l'ignore, dites-vous? cela n'est pas possible.

Jules. Cela est. C'est, malgré mon oncle, que j'ai cultivé la connaissance de la baronne. Il voulait m'en détourner. Le jour même où j'eus l'honneur de déjeûner chez vous, j'étais invité chez cette dame. En sortant de vous voir, en rentrant, je trouvai mon oncle occupé à lui écrire pour me dégager de ma promesse. Si j'avais suivi ses conseils, je n'aurais pas.... Mais au surplus, mon père, y a-t-il dans tout cela de quoi exciter tant de cris! Permettez? je sais qu'un homme pieux, un religieux tel que vous, doit trouver ma conduite répréhensible ; mais aux yeux du monde, de mon père lui-même, un jeune homme est-il bien coupable de n'avoir pas gardé... ce que l'autre sexe ne doit céder qu'à l'hymen?

Le père Augely. Ah, Jules, ah, mon fils, quel langage ! comme il se ressent de la mauvaise société que vous fréquentez. Comment n'avez-vous pas épargné à mon oreille la licence d'un pareil propos? j'y répondrai de deux manières, d'après mon habit et mon caractère. Je vous dirai d'abord que nous autres religieux, qui avons renoncé à l'hymen, encore plus à l'amour, nous devons fermer les yeux sur les prérogatives qu'un sexe peut s'arroger sur l'autre, et n'y voir de crime qu'aux yeux de la religion, premier motif pour trouver votre excuse fort indécente. Si je vous parle maintenant en homme du monde, j'emprunterai les propres expressions de votre mère : Je désirerai qu'une liaison amoureuse soit au moins proportionnée, quant aux âges et aux convenances. Que vous ayez payé votre tribut aux sens, à la jeunesse, avec une jeune personne, séduisante par ses grâces, sa beauté, cela ne serait pas bien sans doute, ayant promis constance et fidélité à votre cousine ; mais c'est encore pis de tomber dans les lacs d'une vieille coquette, surannée, perdue de réputation, et qui a besoin de tous les cosmétiques possibles pour réparer les outrages du tems. Ecclésiastique ou laïque, personne ne peut vous pardonner cela. Eh puis, c'est que ces femmes-là ont une morale si relâchée ! elles n'inspirent à un jeune homme que le mépris des bienséances et la désobéissance à leurs supérieurs. Elles ne vous parlent des auteurs de vos jours qu'avec un petit ton leste qui altère peu-à-peu le respect que vous devez à vos parens, qui, par la suite, vous les fait regarder comme des tyrans ou des sots. De pareilles femmes, qui font de semblables éducations, sont des pestes pour les familles dans lesquelles elles s'introduisent ; et votre Détestor est de ce nombre.

Jules. Je puis vous accorder cela, Monsieur ; mais je ne transigerai point de même sur M. de Faskilan, qui mérite votre estime, celle de mon père, de tout le monde.

Le père Augely. Il est pourtant l'ami de cette femme que vous méprisez autant que moi.

Jules. Il ne connaît pas ses défauts. Il la regarde comme une tête légère, et voilà tout. S'il se doutait !... quand il saura !.... j'essuierai de sa part des reproches plus graves que tous ceux que vous pourriez me faire.

Le père Augely. Me persuaderez-vous cela, par exemple ?

Jules. Voilà ce qui me désespère.

Si vous étiez juste envers lui, je pourrais ajouter plus de foi à vos discours; mais moi qui le connais...

Le père Augely. Il est bien fin, bien adroit, et sur-tout bien hypocrite. Au surplus, Jules, vous avez lu les lettres de monsieur et de madame Berny?

Jules. Oui, Monsieur. J'y vois avec douleur que mon père et ma cousine sont indisposés. Ma mère doit avoir bien du tourment!

Le père Augely. Ne ferez-vous pas cesser celui que vous lui causez?

Jules. Encore une fois, Monsieur, un léger tort, commun à tous les jeunes gens de mon âge, peut-il allumer à ce point la colère de mon père, qui m'écrit le billet le plus sec!

Le père Augely. C'est, mon

ami, ainsi que le dit votre père, un premier pas de fait dans le sentier du vice, et qui peut être suivi de mille autres.

Jules. On me traite comme un héros de roman; on ne me cite que ces mots : *le vice ! la vertu !*

Le père Augely. Terminons, Jules. Vous allez, n'est-ce pas, remettre à Adalbert la lettre de votre mère ; puis vous ferez transporter vos effets à la Doctrine chrétienne, où vous viendrez me rejoindre ?

Jules. A la Doctrine chrétienne ?... l'agréable asile !

Le père Augely. C'est le plus sûr pour vos mœurs.

Jules. Pour mes mœurs à présent ! à vous entendre tous, je suis un jeune homme perdu de débauches.

Le père Augely. *A nous entendre tous ?* j'admire avec quel respect vous parlez de vos parens. Pour ma part aussi, je dois vous remercier de l'éloignement que vous témoignez à venir demeurer avec moi.

Jules. Je... n'ai point... d'éloignement, Monsieur. Cependant, quitter sans motif l'oncle respectable que j'ai déjà offensé en méprisant ses avis, n'est-ce pas un trait d'ingratitude !...

Le père Augely. Il le faut. Vos parens vous l'ordonnent.

Jules. Dois-je partager l'injustice de mes parens ?

Le père Augely. Ils m'ont remis leurs droits sur vous.

Jules. Ces droits vont-ils jusqu'à mener comme un enfant un

homme de vingt-un ans bientôt?

Le père Augely. Jules, vous m'affligez beaucoup. Eh! si vous saviez de quel intérêt il est pour vous que vous suiviez mes avis! Vous ne vous doutez pas de ce qui vous attend un jour.

Jules. Ah, voilà encore vos obscures exclamations, celles d'Asselino, de ce vieux mendiant.

Le père Augely. A propos du vieux mendiant, il a encore écrit à votre père; j'ai oublié de vous montrer la lettre...Je ne l'ai pas sur moi? non. Je vous la communiquerai. Cet anonyme, que personne ne soupçonne, est vraiment inexplicable. Il veut au reste, ainsi que nous tous, que vous soyez vertueux.

Jules. Je le serai, je le suis, Monsieur; et, je n'ai pas besoin, pour l'être, de tout le radotage de cet inconnu.

Le père Augely. Ah, Jules, Jules, que vous me faites de peine!... je vais vous attendre, mon ami... mais je change d'idée. Je dois vous accompagner chez Adalbert, et lui parler en conséquence des ordres que j'ai reçus de Berny.

Jules. Gardez-vous en bien, Monsieur. Mon oncle, qui sait que vous n'êtes pas son ami, vous verrait d'un très-mauvais œil, et vous recevrait fort mal.

Le père Augely, *souriant*. Fort bien; au contraire, vous verrez qu'il me fera un excellent accueil.

Jules. J'en doute; mais, pour vaincre votre obstination, et vous dissuader sur son compte, je consens à ce que vous veuilliez bien m'accompagner. Et d'ailleurs je n'aurais jamais la force de l'affliger, en lui faisant part de la lettre et des ordres de mes parens.

Jules et le père Augely reviennent à la rue des Postes, où ils entrent chez Adalbert.

III.

Faible Jules! combien tu fais, sans t'en douter, de pas vers l'abyme où l'on veut te plonger; et pourquoi faut-il que, parmi les amis de ton enfance, le sort t'ait fait rencontrer le plus vicieux, le plus dangereux pour toi!

Tandis que Jules frémit en pensant que son secret avec la baronne va être dévoilé aux yeux de son oncle, Adalbert reste un peu interdit de voir entrer avec lui le père Augely. Mais, comme il sait maîtriser jusqu'aux traits de sa figure, Adalbert a bientôt pris un visage riant. Eh, dit-il, voilà mon ancien ami, le respectable religieux qui m'a vu si jeune !

Le père Augely. C'est moi-même, Monsieur, qui pénètre enfin, pour la première fois, dans cette maison.

Adalbert. Que n'y êtes-vous venu plus souvent, mon ami. Doutez-vous du plaisir que j'aurais eu de vous y voir plutôt ?

Le père J'en doute beaucoup, Monsieur, et avec raison ; car, chaque fois que je m'y suis présenté, un grand laquais, qui a fort mauvaise mine, par parenthèse, m'a toujours dit que vous étiez absent, ainsi que Jules.

Adalbert. Nous étions sortis apparemment.

Le père. Vous n'étiez pas sortis ; les voisins me l'ont assuré.

ADALBERT. Quelle raison aurait eue Faustin?...

LE PÈRE. Vos ordres sans doute.

ADALDERT. Mes ordres! je ferais refuser ma porte à mon ami, à celui de mon père adoptif! vous ne le croyez pas? Mais enfin, vous voilà, et nous dînons ensemble; n'est-il pas vrai?

LE PÈRE. Nous ne dînerons point ensemble. Je viens seulement vous redemander Jules de la part de son père.

ADALBERT. Jules? Berny rappelle Jules?

LE PÈRE. Cette lettre de madame Berny vous dira tout.

JULES. Mon oncle... cette lettre... vous allez apprendre... je suis bien coupable!

ADALBERT. Toi, coupable, Jules !
eh, qu'as-tu donc fait?

JULES. J'ai trahi votre confiance.
Malgré vos avis...

ADALBERT. Tu sais que je ne
t'en ai jamais donnés que de bons.

JULES. Cela est vrai, et si j'avais
suivi ceux... relativement à la baronne...

ADALBERT. Eh bien?...

JULES...Je n'aurais pas cédé...
aux séductions de cette femme.

ADALBERT *se levant avec effroi, et reculant trois pas.* Qu'est-ce
que j'entends-là! Quoi, vous auriez...
quoi, cette femme artificieuse !...
voilà, Monsieur, un trait abominable !...

JULES. Calmez votre courroux.

ADALBERT. Que je reprime la
juste indignation dont me pénètre

une pareille conduite!.... je vous avais averti, jeune homme. Vous avez voulu fréquenter cette odieuse baronne, oui, Monsieur, odieuse, c'est le mot. J'ai appris que tout en fascinant les yeux des honnêtes gens chez lesquelles elle s'introduisait au moyen de quelques dehors, elle ne vivait que d'escroqueries ; qu'enfin elle était sur le point d'être punie par les lois...Voilà votre conquête, Monsieur, félicitez - vous en !... Quand je lui écris qu'elle se garde bien de remettre les pieds chez moi, quand je lui ferme ma porte (car ma lettre est partie de ce matin), Jules se compromet au point ! il oublie mes avis, ceux de son père, de ce sage religieux ; il viole le serment de fidélité qu'il a fait à mademoiselle Duverceil, la candeur, la beauté, la vertu même...; Ah, Jules, Jules!

Jules. Je m'attendais à ces reproches, mon oncle; je les ai mérités. Combien de fois, depuis mon retour de Saint-Brice, ai-je été sur le point de vous confier ce fatal secret! mais je craignais votre sévérité, votre extrême rigueur!

Adalbert. Pourquoi Forville a-t-il introduit chez moi cette misérable, qui a corrompu mon neveu! (*au père Augely*) Eh bien, mon père, voilà pourtant comme nous sommes malheureux avec les jeunes gens! quelque surveillance que nous ayons, ils nous trompent toujours; vous le voyez!

Le père Augely, qui s'attendait à un tout autre langage de la part d'Adalbert, reste fort étonné. Peu s'en faut qu'il ne le croye de bonne foi, entendant sur-tout Jules lui parler avec l'accent de la vérité, de ses principes, de sa sévérité. Il prend la parole : Mais, M. de Faskilan, c'est chez vous que Jules a connu cette femme, que vous nommiez même votre amie ? elle vous a donc séduit aussi ? — Oh ! séduit, répond Adalbert, vous sentez bien que ce n'est pas à mon âge, avec de l'expérience, que de pareilles femmes en imposent long-tems. Celle-ci a de l'esprit, beaucoup d'esprit ; mais je m'en méfiais si bien que, tout en m'amusant de son extrême gaîté, j'ai recommandé à Jules, dès la première fois qu'il l'a vue, de fuir sa société, ses liaisons ; demandez-le lui : n'est-il pas vrai, Jules ? — J'aurais bien dû vous écouter, mon oncle! — Vous l'entendez. Avec cela, pouvais-je soupçonner qu'une femme de son âge!... Ah! c'est une chose affreuse!...Voyons donc la lettre de madame Berny?

Il lit la lettre avec calme, et s'écrie après : Elle a raison, elle a raison! je ne puis lui en vouloir de ses soupçons; ils sont fondés, et les apparences sont vraiment contre moi. Si Jules n'était pas là, s'il ne sentait pas combien il m'a outragé en abusant de ma confiance, vous-même, mon père, vous partageriez l'opinion défavorable que M. et madame Berny ont conçue de moi. Bons amis! comme ils me connaissent peu! mais un mot de ma part va les détromper. Ils ne me feront point l'outrage de me retirer leur fils. Je ne l'ai pas mérité, et ce coup d'éclat serait trop déshonorant pour moi. Vous resterez, Jules; j'en obtiendrai la permission de vos parens, je me charge de cela; et vous verrez tous les jours ce bon père Augely, je vous l'ordonne; entendez-vous que je vous l'ordonne? Vous m'avez quelquefois mal jugé, mon pere, je le sais. Asselino aussi me calomnie; cela vient de l'extrême tendresse que le bon Evrard me prodiguait, dont quelques personnes étaient jalouses; mais je veux regagner votre estime; vous me la rendrez; et si la religion m'apprend à souffrir sans murmurer les injustices des hommes, mon devoir exige que je les éclaire, que je m'en fasse aimer... J'y parviendrai, mon père, j'aurai ce bonheur.

Le père Augely, malgré son esprit et sa parfaite connaissance du cœur d'un hypocrite, était vraiment étourdi de tout ce qu'il entendait. Ignorant les trames de ce méchant homme, le genre de sa liaison avec la Détestor, il n'était pas étonnant qu'il se laissât séduire par ses discours, et sur-tout par ses exclamations contre la baronne.

Le père Augely néanmoins avait de la tête et de la prudence. Il n'ajoutait pas beaucoup de foi aux belles phrases d'Adalbert ; mais il ne pouvait pas lui répondre des choses dures. Il insista cependant pour que Jules lui fût confié suivant les intentions de ses parens. Adalbert sut si bien s'y prendre qu'il le détermina à se retirer, à lui laisser Jules jusqu'à ce que M. Berny, d'après la lettre qu'Adalbert allait lui écrire, eût réitéré son ordre ; et Jules fut très-content de cet arrangement ; car il trouvait très-ennuyeux pour lui d'aller vivre auprès d'un homme aussi froid par état et par caractère, que l'était le père Angely.

Quand le bon Mathurin fut sorti, Adalbert voulut recommencer ses reproches ; mais, voyant que Jules était vraiment pénétré, il se contenta de lui parler très-sèchement pendant tout le reste de la journée. On devine combien l'hypocrite était enchanté dans le fond de son ame, d'avoir su tourner cette affaire au gré de ses désirs. Il tenait Jules ; rien au monde ne pouvait le lui faire abandonner. On verra, dans la suite, quel était son but, et les routes tortueuses qu'il lui fallut prendre pour y arriver.

Sur le soir, la marquise d'Arancourt se présenta avec Rose Niquet, sa fille adoptive. Adalbert la reçut avec la plus grande politesse, tandis que Jules, qui lui en voulait d'avoir écrit sa petite escapade à son père, la vit d'un très-mauvais œil. Je viens, dit la marquise, rendre une visite à vous, M. de Faskilan, ainsi qu'au fils de mes bons amis d'Orange. Comme il est changé! ce cher Jules; je ne l'aurais pas reconnu. Rose, vois donc, c'est un homme. — Oui, Madame, répondit Jules, et un homme un peu mécontent de vous, j'ai la franchise de vous le dire. — Pourquoi donc, mon bon Jules. — Il me semble que madame la marquise aurait fort bien pu se dispenser d'apprendre à mon père.... — Ah, oui.... Vous avez déjà reçu de ses nouvelles? Il est malade, cet excellent homme... — Ma faute, quoique.... légère sans doute, n'aura pas contribué à lui rendre la santé. — Vous me pardonnerez, Jules, je l'espère, en faveur de l'amitié que j'ai vouée à votre famille. Je connais la Détestor; je sais combien elle a perdu de jeunes gens. Sa femme-de-chambre, qui m'a servie jadis, et qui l'a quittée, parce qu'elle n'est pas faite pour être avec de pareilles misérables, sa femme-de-chambre, dis-je, m'avait appris que la baronne tenait une nouvelle dupe à Saint-Brice, sans me nommer le jeune homme. J'en parlai devant votre père et votre mère. Sur un billet trouvé par votre oncle Dabin, ils se sont imaginé que c'était vous que cette baronne séduisait; ils ont exigé qu'à mon arrivée à Paris, je leur fisse part de la vérité. J'ai dû suivre leurs ordres. — Madame, interrompt Adalbert d'un ton piqué, aurait dû m'en prévenir d'avance, moi, m'éclairer sur le compte de la Détestor, dont je conviens que j'ai aussi été un peu la dupe, quoique d'une toute autre manière que Jules. — Vous l'avouerai-je, M. Adalbert? pardon; mais mon ami Berny avait quelque soupçon sur votre surveillance; il craignait de votre part une complaisance un peu trop aveugle pour Jules, et il m'avait bien priée de lui écrire directement, avant que j'eusse l'avantage de vous voir. J'ai affligé Jules, je le vois, j'en suis vraiment fâchée ; mais je ferai sa paix, je lui promets de faire sa paix avec son père. — Quoi ! Madame, vous auriez la bonté (*c'est toujours Adalbert qui parle*) de retracer à M. Berny et les regrets de Jules, et les justes reproches que je ne cesse de lui faire ? Il aurait besoin aussi d'un médiateur près de moi ; et je suis vraiment très mécontent de lui ; mais, puisqu'il a en vous une amie aussi généreuse, n'en parlons plus, et traitons tout ceci comme une petite incartade de jeunesse, qui ne mérite pas au fond (*il sourit*) tout le bruit qu'on en fait. Un jeune homme sans expérience est la dupe d'une coquette, rien de plus ordinaire. Mais qu'il ne recommence pas. Jules, mon ami, ne vas pas tomber dans la même faute ; Madame, ton père, ni moi, nous ne te la pardonnerions plus.

La marquise resta encore quelque tems ; puis elle sortit en indiquant à Jules, à son oncle, son adresse à Paris, afin qu'ils allassent la voir. Elle promit de ne rien négliger pour découvrir la nouvelle demeure de la Détestor, qu'elle se proposait toujours de poursuivre ; et, quand elle fut partie ainsi que Rose, Adalbert, revenant sur le pardon qu'il venait d'accorder à Jules, en prit occasion de l'accabler de tant de marques d'affection, que Jules, pénétré de reconnaissance, jura de ne jamais se séparer d'un ami si rare, si indulgent, si précieux pour lui.

Adalbert déchira trois lettres avant d'être content de celle qu'il voulait envoyer à M. Berny. Enfin il en fit partir une, si mielleuse, tournée avec tant d'adresse, qu'elle séduisit encore le père de Jules. Madame Berny, moins confiante, eut beau insister pour que l'ordre de lui retirer son fils fût exécuté, l'hypocrite avait si bien arrangé ses phrases, ménagé ses expressions, que M. Berny, sentant l'injure qu'il lui ferait, résolut d'attendre son rétablissement pour aller lui-même à Paris, voir par ses propres yeux, et agir en conséquence.

Ainsi voilà Jules encore une fois retenu chez l'homme faux, perfide, qui a juré de le perdre.

Adalbert voyait toujours la Détestor, quoiqu'il eût l'air de l'avoir bannie de sa maison; il avait averti cette femme des projets de vengeance de la marquise, et des précautions qu'il lui fallait prendre. Elle devait toujours jouer son rôle dans les piéges qu'il tendait à Jules, et, pour cela, il fallait qu'elle le vît souvent sans qu'Adalbert eût l'air de s'en douter.

La Détestor vint donc, le lendemain de la visite de madame d'Arancourt, frapper à la porte du jeune homme, qui la reçut très-durement. Mes parens savent tout, Madame, lui dit-il; votre liaison a manqué me brouiller avec mon oncle, avec ce que j'ai de plus cher au monde. Je suis décidé à rompre pour jamais avec vous.

La Détestor pleure, s'indigne; elle demande si un homme délicat doit choisir, pour l'abandonner, le moment où elle est dans le malheur. Elle s'emporte ensuite, accuse la petite Agathe Dervisse de lui avoir enlevé le cœur de son amant, et se promet d'aller chez ces dames faire éclater son dépit et sa jalousie. — Je n'ai point vu encore à Paris mademoiselle Agathe, lui répond Jules. Ce n'est point elle qui me force à vous quitter ; c'est la prudence et la raison. — Agathe vous a vu, ou doit vous voir, je le sais. Vous êtes cause qu'elle manque un mariage très-avantageux ; elle résiste en ce moment aux ordres de sa tante, et je ne devine pas ce que cela deviendra. Je la vis hier, j'eus l'imprudence de lui apprendre la facilité avec laquelle on peut vous parler dans ce corps-de-logis éloigné de celui d'Adalbert ; mademoiselle Agathe ne manquera pas de se présenter chez vous. Si vous la recevez, Jules, je suis capable de tout pour me venger d'elle et de vous.

Jules aurait voulu se sentir le courage de mettre cette femme à la porte. Il l'aurait peut-être fait si elle ne se fût sauvée, en voyant, par une croisée qui donnait sur le jardin, Adalbert porter ses pas vers le logement de son neveu, accompagné d'un étranger. La Détestor partie, Jules ouvre en-dedans à son oncle. Reconnais-tu Monsieur, lui dit Adalbert en lui présentant l'étranger. — Mais... j'ai quelque peine... — Tu ne risques rien de te jeter dans ses bras. Je t'avertis que c'est ton meilleur ami. — Monsieur? — Eh oui, répond l'étranger en embrassant Jules. Peux-tu méconnaître ton camarade de collége, Amédée Dennecy ! — Amédée Dennecy ! c'est vous ? c'est toi ! c'est que depuis six ans bientôt que nous ne nous sommes vus, toi et moi, nous sommes bien changés. Je t'ai écrit cent fois ; tu ne m'as jamais répondu. — Mon ami, pardon, des affaires, des voyages... — Tu savais donc mon adresse ? — C'est par hasard que je te découvre ici. J'y venais voir M. Adalbert à qui je suis recommandé à Paris par mes parens. M. Adalbert connaît beaucoup ma famille. — Sans doute, interrompt Adalbert. Il est le fils d'un de mes bons amis. — J'en suis charmé, réplique Jules; c'est un lien de plus qui doit m'attacher à mon oncle, puisqu'il est ton ami. Que fais-tu à Paris ? — J'y suis, pour l'instant, le secrétaire, le caissier, l'associé en quelque façon, tout, auprès d'un riche banquier, que tu connais sans doute de réputation, M. Dupont? — Non; je ne connois pas de banquier. — Celui-ci, interrompt Adalbert, est un des premiers de la France. J'en ai beaucoup entendu parler. — Y a-t-il long-tems, demande Jules à Dennecy, que tu es à Paris? — Mais... près d'un an. Je ne savais pas que tu y demeurasses aussi. Mes parens m'ont écrit pour que j'allasse voir de leur part M. de Faskilan, et c'est en causant avec lui qu'il m'a appris ton séjour chez lui, ainsi que le lien qui vous unit. — Lien, d'amitié, plus fort que celui du sang. — Je conçois cela; M. Adalbert est un si excellent homme!

Jules est ravi de ce que son ami fait un pareil cas de son oncle adoptif. Que je suis content, poursuit Amédée ! mon banquier demeure rue Dauphine ; ce n'est pas très-loin d'ici ; j'ai toutes mes soirées à moi ; nous nous verrons souvent, tous les jours, n'est-ce pas, Jules ? — Oui, cher Amédée, nous ne nous quitterons plus !

Les deux amis se confondent dans leurs embrassemens, et Adalbert est enchanté de cet accord ; car l'on verra bientôt qu'il servira ses projets :

Amédée Dennecy fut retenu à dîner ; il retourna à sa caisse, et revint à l'heure convenue. On fit la partie d'aller au spectacle, et les Italiens eurent la préférence. On y donnait des cannevas bouffons, dans lesquels le jeu piquant de Carlin pouvait seul intéresser; ensorte que nos amis prêtèrent moins d'attention au théâtre, qu'à l'examen des femmes qui garnissaient les loges. Jules avait la vue un peu basse; son ami Dennecy, placé près de lui, lui faisait remarquer les plus jolies dames. Tiens, vois-tu, lui dit-il tout bas, dans cette loge en face de nous? une vieille femme, un homme mal bâti, et deux charmantes personnes, dont l'une est sur le devant? — Oui; les connaitrais-tu? — Si je les connais! l'une..... celle du devant..... mais tu sauras cela par la suite, si tu es digne de ma confiance. — Je l'espère. Je regarde, et je ne crois pas me tromper; la jolie demoiselle qui est derrière la vieille, eh mais, c'est mademoiselle Dervisse, je crois, avec sa tante. — Mademoiselle Dervisse ; tu connais les dames Dervisse ? — Très-particulièrement. — Quel bonheur ! elles sont justement les amies de celle.... que j'aime et que tu vois avec elles. — Tu aimes, Dennecy ? — Comme un fou ! mais ton oncle pourrait nous entendre. Demain après-midi, je viendrai te prendre pour faire ensemble un tour de promenade. Nous causerons.

Adalbert avait l'air de prêter l'oreille à ce que se disaient tout bas les jeunes gens. Ils élevèrent la voix, et la conversation devint générale. Seulement Jules fit remarquer à son oncle que les dames Dervisse étaient en face d'eux. Je n'aime plus, lui répondit froidement Adalbert, je n'estime plus du tout cette petite Agathe, et j'ai juré de ne pas la revoir. — Pourquoi donc? elle est si aimable! — Je sais qu'elle est toute adorable; mais elle refuse un excellent parti que sa tante lui propose, et l'on prétend qu'elle est devenue subitement amoureuse de je ne sais quel étourdi qu'elle a rencontré je ne sais où. Quel que soit celui qu'elle aime, il faut qu'il ait bien peu de délicatesse pour empêcher une nièce d'obéir à une tante qui ne veut que son bien ; car M. Potten, que voilà avec elles, est très-riche, et le plus honnête homme ! — Il paraît... âgé, mon oncle, et fort laid. — Il n'est ni âgé, ni fort laid. Cet homme a quarante ans au plus, et il est fait comme tout le monde.

C'est une entêtée que cette Agathe; une fille romanesque, capable de toutes les extravagances.... Comment, mais c'est qu'elle est folle du morveux dont je te parle, et dont j'ignore le nom. Sa tante en est au désespoir!... Mais laissons cette famille dont je ne veux nullement me mêler. J'ai le malheur de m'attacher à mes amis, et, quand je les vois dans l'embarras, cela me fait une peine! Qu'ils s'arrangent ceux-ci! je plains la tante, et pour la nièce, elle me fait presque horreur, en vérité! c'est que je hais l'ingratitude, moi. Parlons d'autre chose.

La finesse d'Adalbert n'avait pas manqué son but. Jules sentait qu'il était l'amant préféré, et par conséquent la cause de la résistance d'Agathe, de ses malheurs, de la haine que son oncle lui avait vouée, et Jules se promettait bien de ne jamais prononcer le nom d'Agathe devant cet oncle qu'il regardait comme trop délicat.

Il avait maintenant une occasion de plus de tomber dans tous ses piéges. Amédée Dennecy, depuis sa sortie du collége, avait mené la conduite la plus déréglée ; c'était un jeune homme sans mœurs, sans principes ; et Adalbert, qui connaissait sa famille et que le hasard servait à souhait dans cette conjoncture, se promettait bien de l'employer à perdre Jules, sans cependant mettre Amédée dans sa confidence.

Faible Jules ! combien tu fais, sans t'en douter, de pas vers l'abyme où l'on veut te plonger ; et pourquoi faut-il que, parmi les amis de ton enfance, le sort t'ait fait rencoutrer le plus vicieux, le plus dangereux pour toi !

IV.

> Il ne répond plus quand on lui parle d'Aloyse. A peine s'il s'inquiète de son père, de la meilleure des mères !

Il était écrit que Jules serait réveillé tous les matins de bonne heure, par les méchans qui s'attachaient à lui. Le soleil paraissait à peine qu'il entendit frapper doucement à sa porte. Persuadé que c'était encore la baronne qui venait l'importuner, et n'ayant pas de croisée sur sa petite rue, il résolut de ne pas ouvrir; mais l'obstination qu'on mettait à frapper toujours lui donnant de l'humeur, il descendit de sa chambre à coucher; et demanda qui était-là. Une voix douce lui répond : C'est moi, ouvrez.

Il ne reconnaît point l'organe presque mâle de la Détestor; il ouvre, et voit entrer Agathe, accompagnée d'une femme inconnue. C'est moi, lui dit la petite, c'est moi, et ma bonne qui est ma confidente.

Si Jules avait bien regardé cette bonne, il aurait remarqué qu'elle avait un tout autre air que celui d'une gouvernante honnête ; mais il ne fit attention qu'aux charmes d'Agathe, qui lui rappelaient toujours ceux d'Aloyse. Vous, Mademoiselle, lui dit-il? vous ici ! qui me procure le bonheur?... Prenez d'abord un siége ?

Agathe s'asseoit ; elle paraît respirer à peine ; elle est pâle, et son trouble est des plus violens. Monsieur, dit-elle, Monsieur !... que penserez-vous de ma démarche ?... Comment obtiendra-t-elle grace devant vous ! — Qu'a-t-elle de repréhensible ? —A cette heure, moi, chez un homme, et quel homme !... Le plus dangereux de tous pour mon faible cœur. —Remettez-vous, Agathe. Je vous ai vue hier. — Je n'ai vu aussi que vous, Jules, vous seul, dans cette quantité de monde. Eh ! si vous aviez pu lire dans mes yeux ! — Vous ignorez que les miens me servent moins fidèlement que mon cœur ; et sans un ami... — M. Dennecy ? Je le connais. Il est lié intimement avec une femme que nous fréquentons. C'est un très-aimable homme. Il est de vos amis ? — Dès l'enfance ; mais parlez ; on veut donc toujours vous unir?...— A ce M. Potten, que vous avez vu hier. Il avait loué une loge, et c'est lui qui nous a entraînées au spectacle. Malgré ma répugnance, il m'a fallu suivre ma tante. Ma tante ! mon tyran ! (*Elle s'adresse à sa prétendue bonne*) N'est-il pas vrai, Gertrude, que je suis la plus malheureuse femme !...

La bonne répond : Oh ! c'est bien vrai, ça !

Jules prend la parole. Que puis-je faire dans tout ceci, moi, belle Agathe ? — Me sauver, Monsieur, voir ma tante, lui parler, empêcher enfin ce funeste mariage, auquel je préfère la mort. — Quels moyens ai-je pour cela ? — L'amour devrait vous en inspirer. Mais qu'ai je dit ? l'amour ! il est pour moi seul. La haine et le mépris sont dans votre cœur insensible!.... — Ne croyez pas?... — C'est vous seul, Jules, qui mettez une barrière entre moi et l'époux qu'on me propose ; et votre froideur... Il faut que mon destin soit bien affreux !

Elle pleure. Jules est attendri ; il replique : Ne croyez pas qu'on puisse vous voir indifféremment. Depuis long-tems j'adorais ces traits charmans, et, s'il m'était possible.... — Tout est possible à l'amour, ou au moins à la pitié... Puisque vous causez ma faiblesse et ma résistance, Jules, vous devriez avoir pitié d'une.... d'une infortunée...

Les sanglots semblent l'étouffer. Jules est dans le plus grand embarras. Il prend la main d'Agathe ; il la couvre de baisers...

Agathe se lève : Je sais, Monsieur, que vous en aimez une autre, que c'est une passion pour la vie, et cette réflexion décide de mon sort. Viens, Gertrude.

Elle veut sortir. La Bonne s'écrie: Où courez-vous, cher enfant !... — Au bout de l'univers.... tu le sais, Gertrude; je n'avais jamais aimé... je l'ai vu.... et l'amour chez moi va jusqu'au délire. Qu'il aille retrouver sa cousine de province ; qu'il me fuie, qu'il m'abandonne !... il causera ma mort; car plutôt mourir qu'en épouser un autre ; et Jules s'applaudira d'un pareil sacrifice !... Viens, Gertrude.

Jules, extrêmement ému, tombe aux pieds d'Agathe. Cruelle fille, lui dit-il, que vous ai-je fait, que vous a fait Aloyse pour l'effacer ainsi par degrés de mon faible cœur ! vous me rendez coupable, parjure ; mais votre figure enchanteresse, vos pleurs, votre amour, tout me force à vous rendre les armes. Ordonnez en vainqueur ; je suis prêt à tout ce que vous exigerez de moi ! — Parle-t-il vrai, Gertrude; toi, qui es de sang-froid, vois-tu bien dans ses yeux, dans le son de sa voix, s'il veut que je vive, que je vive pour l'aimer, pour l'adorer ! — Oui, je suis vrai, Agathe, vivez pour moi ; je ne sais ce que je fais, ce que je dis ; je sens que j'outrage le devoir, l'amour, la nature ; mais je suis subjugué, entraîné, et vous triomphez de toutes mes résolutions.

La traîtresse se radoucit, jette sur Jules des regards si tendres qu'ils l'achèvent, et le faible Jules devient l'esclave de cette misérable. Je suis heureuse maintenant, lui dit-elle avec le sourire d'une douleur qui s'éteint, je suis calme, tranquille. Trouvez-vous, ce soir, chez madame St.-Elme, avec votre ami. Je vous verrai, nous causerons, vous saurez ce que j'exige de vous. Jules! vous me rendez à l'existence, au bonheur. Que ne m'est-il possible de vous en aimer davantage!

Jules allait demander ce que c'était que madame Saint-Elme; mais Agathe ne lui en laissa pas le tems. Elle disparut avec sa bonne, en lançant au jeune homme de nouveaux regards qui lui ôtèrent toutes les facultés de parler et même de penser.

Ce ne fut que long-tems après

le départ d'Agathe que Jules revint à lui-même, qu'il s'examina dans le calme de sa conscience. Elle lui fit d'abord de cruels reproches, cette conscience qui ne trompe jamais ; puis, peu-à-peu, la beauté d'Agathe, l'idée de son infortune qu'il causait, tout fortifia Jules dans sa nouvelle inclination.

Il remarqua qu'Agathe avait oublié le mouchoir qu'elle venait de tremper de ses larmes. Ce mouchoir était sur un fauteuil, et contenait une boîte avec un petit portefeuille. Jules examine la boîte ; c'est le portrait d'Agathe qui frappe ses regards enchantés. Le portefeuille est ouvert. Quelques papiers en tombent. Ils sont de l'écriture d'Agathe. Elle écrit à cette dame Saint-Elme, dont elle vient de prononcer le nom, et toutes ses lettres roulent sur le malheur qu'elle a eu de connaître Jules, sur sa tendresse pour lui, sur la résolution enfin où elle est de préférer la mort à l'indigne esclavage auquel on veut la forcer.

Jules entend frapper. Il remet précipitamment les lettres dans le porte-feuille, et voit, comme il s'en doutait, Gertrude qui revient chercher ces objets que sa maîtresse est, dit-elle, au désespoir d'avoir oubliés. Remettez-lui tout cela, dit Jules, excepté ce portrait que je garde, que je vais couvrir de baisers jusqu'à mon dernier soupir.

La bonne a l'air d'insister pour qu'on lui rende le portrait ; puis elle sort enchantée de l'effet qu'a produit cet oubli volontaire.

Jules passe la journée, livré tour-à-tour au repentir, aux remords et à l'amour.

Sur le soir, Dennecy vient le chercher, suivant sa promesse. Ils vont se promener au jardin des Plantes, jardin dont la solitude alors était aussi favorable aux amis, aux amans, qu'aux savans.

On parle des plaisirs de Paris; Amédée, qui paraît les avoir tous goûtés, en fait une longue énumération. Jules le met bientôt sur le chapitre de la jeune personne qu'il a vue la veille dans la loge des dames Dervisse. Ne se nommerait-elle pas madame Saint-Elme, lui demande Jules? — Justement. Comment sais-tu cela? — Je te le dirai après. Apprends-moi d'abord quelles relations tu as avec cette dame? —

Mais, ne les devines-tu pas, mon ami; celles du cœur, celles d'une tendre liaison qui ne finira qu'avec ma vie. C'est une femme charmante, et pleine de talens. — Dans quel genre? — Tu vas te recrier; elle est actrice. — Actrice? en effet, cet état là... — Elle l'honore. C'est un des premiers sujets de Paris. — Et Agathe voit cette... dame-là! — Qui ne la verrait pas! Les mœurs, le ton le plus décent, un cœur précieux, de l'esprit comme un lutin, elle réunit tout. Je veux te faire faire sa connaissance. — Ecoue donc, je ne suis pas un Caton. Je le veux bien; mais si mon oncle savait... — Nous ne le lui dirons pas. Viens, prenons une voiture, et allons sur-le-champ voir cette adorable femme, qui demeure rue des

Capucines, près le boulevard, elle a là le logement le plus délicieux!... Veux-tu ? —Volontiers. L'amie de mon ami doit être la mienne. — Doucement, fripon, entendons-nous; que ce soit en tout bien, tout honneur. Elle ne reçoit pas ce soir, nous serons seuls avec elle, ce qu'on appelle en petit comité. — Agathe y sera, elle me l'a promis; mais sa tante peut-être... — Agathe y vient presque toujours seule, sous le prétexte d'aller visiter un frère de sa tante, un oncle qui est goutteux, et qui demeure dans le quartier de Sophie Saint-Elme ; Agathe s'échappe avec une bonne gouvernante, et vient souvent voir une amie bien rare et bien précieuse pour elle. Mais dis-moi donc, serais-tu l'amant en titre de cette charmante Agathe?

Jules, dans la voiture, raconte à Dennecy, qui lui paraît un confident commode, son aventure avec la baronne, et sa liaison, jusqu'à présent sentimentale, avec Agathe. Dennecy, qui connaît fort peu cette dernière, se doute bien qu'elle est de moyenne vertu; mais, pour voir les mœurs de Jules au niveau des siennes, il lui fait mille éloges de la petite Dervisse, et lui conseille d'écouter, de suivre un penchant aussi agréable.

On arrive chez madame Saint-Elme. Jules est présenté comme un bon ami. Madame Saint-Elme lui fait mille complimens. C'est une femme jeune, très-belle, élégamment meublée, et qui, sauf son état, paraît à Jules avoir le meilleur ton. Je dis sauf son état; car elle n'était actrice que d'un théâtre de boulevard, très-subalterne, et fort peu suivi. Elle donnait à jouer une fois par semaine, et le gain que cela lui produisait, suffisait, disait-on, pour sauver sa vertu du besoin d'un amant riche. Du reste, de l'esprit, du brillant, du jargon, le pendant, mais plus jeune et plus aimable, de la Détestor. Jules n'en fit même pas la comparaison. Il resta jusqu'à neuf heures dans cette maison, et Agathe n'y vint pas. On en parla cependant avec éloges; mais Jules n'en fut pas moins très-inquiet. Obligé de revenir de bonne heure chez Adalbert, Jules quitta madame Saint-Elme et Dennecy.

Comme il rentrait chez lui, il remarqua que le domestique Faustin cherchait à lui parler. Faustin l'aborda en effet dans le jardin, et lui dit d'un air pénétré: Monsieur Jules se cache de moi; il ne me donne jamais de commissions; il me craint, et cela me fait bien de la peine! — Comment, Faustin, je me cache de vous? en quoi? — Je l'ai vue, Monsieur. — Qui donc? — Ce matin. — Comment? — Je l'ai vue, vous dis-je. — Qui encore? — Cette jeune et jolie personne qui a passé la nuit chez vous. J'étais dans la petite rue comme elle sortait de votre porte. C'est mademoiselle Dervisse, je l'ai reconnue, elle est si jolie ! — Que voulez-vous dire, Faustin, qu'elle a passé la nuit chez moi? cela est faux. Agathe est trop vertueuse ! — Je ne dis pas non, monsieur Jules. Je le croyais; mais avec de la réflexion.. vous l'aimez enfin ? — C'est mon secret, Faustin. Je... — Oh, vous pouvez m'employer. Je suis discret, et, quoique très-attaché à mes maîtres, je sais garder le secret de deux amans. Faut-il vous dire quelque chose de plus ? La bonne de mademoiselle Agathe, est venue me parler tantôt de sa part. Demain matin, vous la verrez. — Qui, cette bonne ! — Eh non, votre amie, mademoiselle Agathe. Elle n'a pas pu se rendre, ce soir, chez madame Saint - Elme; sa tante l'a retenue. Là, suis je au courant de tout ? — En effet ! — Vous voyez qu'on a eu plus de confiance en moi que vous. Je vous jure sur l'honneur que M. Adalbert ne saura jamais rien de tout cela. — Puis-je me fier à ta promesse ? — Mettez-moi à l'épreuve sur tous les points.

Je sais encore quelque chose. — Quoi ? — Que madame la baronne Détestor vient aussi vous visiter le matin. Elle a trouvé une si bonne fortune en vous, qu'elle ne veut pas l'abandonner de sitôt. — Oh, pour celle-là, on m'obligerait bien de me débarrasser de ses visites. — Je m'en charge ; prenez-moi pour votre confident, vous verrez que vous ne vous en repentirez pas. — Est-ce que mon oncle sait que la Détestor ? — Il est bien loin de s'en douter, non plus que de vos liaisons avec mademoiselle Agathe. Sa probité extrême lui ferait un crime d'entendre seulement prononcer le nom de cette jeune personne qui résiste à ses parens à cause de vous. Entre nous, il est un peu cagot, votre cher oncle, qui ne sent pas qu'à votre âge on doit se divertir, dans Paris, avec un cœur, votre figure, votre tournure. Allons donc, ce serait un meurtre de ne pas profiter de tant d'avantages ! — Il me fait rire. — A la bonne heure, rions souvent ensemble, mon jeune maître, je ne vous donnerai jamais occasion de pleurer. Tel que vous me voyez, j'ai aussi une petite connaissance, moi; c'est Rosalie, notre jeune gouvernante; elle est jolie, n'est-ce pas?

Si l'ame de Jules n'avait pas perdu déjà de sa délicatesse, il aurait senti combien cette confidence d'un valet était déplacée, humiliante même par la comparaison qu'il établissait entre un maître et lui. Jules se contenta de sourire de nouveau. Faustin continua: Monsieur ignore encore cela. S'il le savait, Rosalie et moi, nous serions bientôt à la porte. Vous voyez qu'en vous mettant dans ma confidence, je vous donne des armes contre moi, si jamais je trahis la vôtre.

Jules crut ce perfide domestique, qui ne parlait ainsi que d'après l'ordre de son maître, et dès ce moment il lui confia ses plus secrètes pensées.

Le lendemain, Agathe, suivant ce qu'elle avait mandé à Faustin, d'après convention faite entre elle, Faustin et Adalbert, Agathe dis-je, accompagnée de sa bonne, vint voir Jules, toujours de très-bonne heure, pour être rentrée, disait-elle, avant le réveil de sa tante. Agathe n'était plus désespérée comme la veille. Elle prétendit avoir trouvé le moyen, par ses refus obstinés, d'éloigner pour quelque tems son mariage avec ce M. Potten; elle assura Jules qu'elle aurait recours à lui, quand elle serait poussée à bout, et elle acheva de le séduire par sa mignardise, ses doux regards et ses agaceries.

Elle allait sortir; déjà sa bonne avait ouvert la porte, lorsque la Détestor se précipita dans la chambre pour y faire une scène, dont elle était convenue d'avance avec Agathe; car ces complices recordaient ensemble, la veille, les rôles qu'ils devaient jouer le lendemain.

La Détestor feignit d'avoir épié, suivi Agathe; elle se livra aux transports d'une jalousie effrénée, et sortit en menaçant Jules et sa rivale.

Agathe prétexta qu'elle avait une peur extrême de cette femme; et comme on craignit d'être surpris par Adalbert, les deux amans convinrent de ne se voir, de ne se parler désormais que chez Mme St-.Elme.

Jules remonta chez Adalbert, et resta saisi en y rencontrant le père Augely. Ce bon religieux ne voyant pas revenir chez lui le fils de son ami, s'était alarmé avec raison, et le croyant indisposé, il venait s'informer de sa santé. Le voilà, lui dit Adalbert, demandez-lui si je ne lui ai pas ordonné d'aller tous les jours vous rendre ses devoirs? — Il est vrai, mon oncle... Monsieur excusera; des affaires... — Je m'en reposais sur lui, continue Adalbert, du soin d'exécuter cet ordre de l'amitié. Je vous croyais, Jules, plus attaché que vous ne l'êtes à ce respectable Mathurin, ami de votre famille, et le mien. Voilà, mon père, voilà comme sont les jeunes gens; nous sommes des barbons pour eux, des vieux radoteurs. Cela n'est pas bien, Jules, cela n'est pas bien du tout. A-propos, mon père, vous savez que ses parens me le laissent? — Oui!... ils m'ont écrit cela. — C'est qu'il est raisonnable à présent, mon Jules. Plus de baronne Détestor, plus de dangereuses cotteries, il ne voit personne; seulement son ami de collége, le jeune Dennecy. Ils vont promener ensemble, et cela est naturel, je ne les gênerai point là-dessus : ce jeune Dennecy est un garçon sage, rangé, du moins c'est ce que m'en dit son père que je connais, qui est un des meilleurs négocians d'Arles. Voilà l'unique société de notre Jules, et je crois qu'il ne peut pas en avoir de plus agréable. — M. Berny est bien malade là-bas. Il a une faiblesse de poitrine qui le tuera, s'il n'y prend garde. — Mon père est bien malade, Monsieur ? — Vous devez le savoir, Jules. N'écrivez-vous pas à votre mère ? ne recevez-vous pas ses réponses ? Cette chère dame a encore un autre embarras ; sa nièce est dans le fort d'une maladie bien dangereuse pour le sexe, bien nuisible à ses attraits ! — Oui, interrompt Adalbert ? cette si jolie Aloyse aurait-elle perdu sa beauté ? — Je n'en sais rien. Cela doit être décidé à-présent, depuis le tems que la lettre a mis à me parvenir. Jules, vous lui serez toujours fidèle, n'est-ce pas? — Il doit l'être, continue Adalbert; ces amitiés d'enfance (*il sourit*), cela dure toute la vie. — Il ne répond plus, non il ne répond plus lui-même, quand on lui parle d'Aloyse? à peine s'il s'inquiète de son père, de la meilleure des mères!

Jules, un peu piqué, prend la parole : L'observation de Monsieur est un peu dure. — Tu t'en fâches, réplique Adalbert; eh pourquoi t'en fâches-tu? (*s'adressant au père*) il est comme cela, irascible; mais au fond c'est le meilleur cœur.

Le père Augely lance à Jules un regard sévère, et se retire en disant à voix basse : Allons, il est perdu, je l'ai dit, il est perdu!

Il sort sans saluer Adalbert, encore moins Jules.

Il est poli, dit Adalbert quand le père est parti ! il ne salue personne. C'est bien l'homme le plus singulier, le plus... — Ennuyeux, mon oncle, c'est le terme. Il a toujours l'air d'un pédant, armé d'une férule ! — C'est vrai (*il rit*) c'est bien vrai.

Et tous deux rient du bon père à gorge déployée. Jules pousse l'indécence jusqu'à imiter sa gravité, sa démarche, le son de voix, qu'il force pour en faire une voix rauque, dure; et plus Adalbert s'amuse de cette burlesque imitation, plus Jules la prolonge.

C'est ainsi que l'ami le plus vrai, le plus sincère, est baffoué, ridiculisé par un méchant homme et par un jeune étourdi.

L'immortel historien de Sancho-Pança aurait appliqué à cette situation le proverbe de *rira bien qui rira le dernier !*

V.

> On l'a déjà dit : La vie est un songe ; mais l'honnête homme rêve bien autrement que le coupable!

Mais j'oubliais, dit Adalbert, en allant à son secrétaire : Je te dois trois mois des menus plaisirs que je suis chargé de te remettre. Cela fait cent écus que voici en or avec douze francs ; prends-les ?

Jules rougit en se rappelant les bontés de son père ; car il croit que c'est à son père qu'il doit cette gratification qu'Adalbert a des motifs pour tirer de sa poche. Jules hésite d'accepter : Mon oncle, répond-il, j'ai

encore des épargnes suffisantes.
— Prends donc, fou que tu es. A ton âge, dans une ville comme celle-ci, on a besoin d'argent.

Jules accepte la somme; Adalbert continue : Ce n'est pas qu'il faille dépenser en niaiseries, en futilités; mais je présume que ton cœur a besoin, comme le mien, de faire du bien. Dieu nous en impose la loi; et si tu emploies ton argent à secourir des infortunés, tu satisfais Dieu, toi-même, et un oncle qui, il ose le dire, te donnera toujours l'exemple de la bienfaisance. Je sors pour aller rendre une visite à monsieur le curé de Saint-Etienne : de là j'irai visiter des indigens aux environs de la place Maubert; toi, emploie ce moment à écrire à ta mère, à ta cousine, à ton oncle Dabin, qui est bien le plus facétieux corps !... surtout ne parle point, dans tes lettres, des trois cents livres que je viens de te remettre. Cela m'est enjoint sous le secret, je te l'ai déjà dit, et tu ne dois pas trahir mes secrets. Adieu, mon ami !

Adalbert ouvre ses bras à Jules qui s'y précipite, et il sort pour aller, soi-disant, voir le curé de sa paroisse.

Jules écrit à sa mère, à sa cousine. Il s'est pénétré, sans le savoir, de l'hypocrisie d'Adalbert, et ses lettres sont pleines d'expressions tendres, d'assurances de travail, de zèle et d'affection.

Son ami Dennecy entre sur la pointe du pied : Bonjour, Jules, où est ton oncle ? — Sorti pour des aumônes. — Bon, tant mieux. Je viens te chercher pour aller dîner chez Sophie. C'est ce soir qu'elle reçoit, on jouera, on s'amusera. — Dîner, dis-tu? jamais je n'ai dîné dehors sans la permission de mon oncle. — Tu veux dire, sans l'avoir averti. Je vais prendre ce soin. Voilà justement une plume, du papier. — Non, c'est inutile; je ne dois pas le laisser dîner seul. — Eh, nigaud, est-ce que tu es un esclave, un enfant ! à ton âge ! laisse-moi faire ; tiens, écoute ce que je lui écris :

« Bon ami, j'emmène Jules dîner
« à la campagne. Soyez bien fâché,
« mais contre moi seul; car Jules
« ne voulait pas venir. C'est moi qui
« l'entraîne. Agréez mon respect.

AMEDÉE DENNECY. »

Ce billet, je le remets à Faustin. Toi, vîte, ta canne et ton chapeau ?

Jules fait quelque résistance. Amédée bannit ses scrupules, et tous deux volent chez madame St.-Elme, qui les reçoit à merveilles. On fait un dîner gai. Sur le soir, on joue, et Jules, qui a pris le goût du jeu avec la Détestor et son chevalier Perrot, perd les douze louis en or qu'il avait sur lui. Il ne lui reste plus que douze francs. Il est désespéré, et pour comble de malheur, Agathe ne vient pas.

Amédée le force à partager trente louis qu'il vient de gagner, et Jules rentre chez Adalbert qu'il croit trouver bien irrité de la liberté qu'on a prise de le laisser dîner seul. Adalbert est on ne peut pas plus doux, au contraire. Il observe, une bonne fois pour toutes, qu'il ne sera jamais inquiet quand il saura son neveu avec Amédée, et Jules ne regrette que d'avoir été privé de la vue de son Agathe.

Il ne la vit que trop par la suite chez la Saint-Elme, où ils se réunirent tous les soirs; et Jules, ivre d'amour pour cette petite fille, oublia presque tout-à-fait son Aloyse.

Une circonstance vint effacer entièrement de son cœur cette tendre amie de son enfance. Madame Berny, en répondant à sa lettre, lui apprit avec douleur qu'Aloyse était rétablie, mais tellement défigurée qu'elle en restait méconnaisable. Pour l'en convaincre tout-à-fait, Forville, au retour de sa terre de la Pommeraie, dit à Jules devant Adalbert, qu'il avait visité ses parens. — Eh bien, demanda Jules, mon père, Monsieur, comment va-t-il ? — Tout doucement, faible, très-faible, incapable encore de marcher; mais ce n'est pas lui qui est le plus malade au Paradis. — Comment, qui donc encore ? — Mademoiselle Duverceil, tout en se portant mieux, est devenue.... La pauvre enfant ! oserai-je le dire ?— Parlez, Monsieur; ma mère me marque qu'elle est changée.... — Enlaidie ! à faire peur ! Moi, qui l'avais vu si jolie, je me suis trouvé tellement frappé de sa laideur, que je n'ai pu résister au desir de vous en rendre juge en traçant, à son insçu, son portrait actuel. Vous savez que je peins un peu. Le voici, cet affreux portrait. Il va vous faire reculer trois pas !

Il montre en effet une miniature, où l'on découvre bien les principaux traits d'Aloyse ; mais, grand Dieu, quel monstre ! bouche élargie, nez épaté, œil éraillé, et des joues pleines de coutures. Ah l'horreur, s'écrie Adalbert ! la jolie petite personne que voilà maintenant ! cela fera une charmante femme pour Jules !

Jules ne se lasse point de regarder cette figure si changée. Il soupire et dit : Pauvre Aloyse ! il faut la plaindre. — Sans doute, répond Adalbert ; mon neveu a raison, il faut la plaindre, cette chère enfant. Dans son malheur elle a du moins la consolation d'être toujours aimée d'un galant homme qui tiendra son serment, qui lui sera fidèle et qui l'épousera. C'est bien, très-bien, mon ami. Eh! sans toi, qui voudrait maintenant de cette infortunée créature! (*il sourit.*) Tu désirais son portrait; le voilà. Heureusement que tu n'as pas obtenu d'elle le don du premier; la comparaison ne serait pas à l'avantage de celui-ci. Elle a fait la fière alors, la chère Demoiselle. Aujourd'hui, je parierais qu'elle serait bien fâchée de savoir un pareil portrait entre tes mains! — Allons, interrompt Forville avec une espèce d'humeur, tu ferais croire à notre Jules que j'y ai mis de la malice. Il connaît mon cœur, et sait que je n'ai fait cette espèce de larcin à sa cousine, que poussé par l'excès de la surprise et de la compassion. S'il veut voir Aloyse telle qu'elle était avant son malheur, il n'a qu'à regarder la

petite Agathe Dervisse; c'est tout...
— Paix à votre tour, Forville. Je lui ai défendu de voir cette fille obstinée, ingrate, folle, romanesque; et je ne veux pas même qu'on prononce son nom devant nous. Elle est, si vous le voulez, mieux que n'était Aloyse; mais elle fera mourir sa tante de chagrin, si elle continue, et mon Jules est trop docile à mes avis pour cultiver une maison où la tante et la nièce vivent en mortelles ennemies. Je reviens à mademoiselle Duverceil. Faut-il que cette funeste maladie fasse sur un joli visage des ravages cruels comme ceux-là, et, qui pis est, ineffaçables !...

On appuya sur le mot perfide *ineffaçables*; on s'entretint encore de ce triste événement, et on laissa, comme par mégarde, entre les mains de Jules un portrait, vraiment repoussant, qui, en tournant à l'avantage d'Agathe, devait avancer la séduction qu'on faisait jouer de ce côté-là. Jules en effet, en comparant avec les nouveaux traits d'Aloyse, le portrait d'Agathe qu'il possédait, sentit s'accroître encore sa passion pour cette fille.

Agathe savait trop bien sa leçon pour avoir cédé tout de suite à l'impulsion des sens du jeune Berny. Cependant la St.-Elme et Dennecy les avaient laissés un soir en tête-à-tête, et Jules croyait avoir obtenu d'Agathe avec beaucoup de peine, ce que la Détestor lui avait presque offert; ainsi tous les vœux de cet imprudent jeune homme étaient comblés. Il est vrai qu'il lui en coûtait beaucoup d'un autre côté pour jouir d'un pareil bonheur. On ne pouvait fréquenter la maison de madame Saint-Elme sans y jouer, et sans jouer beaucoup. Dennecy avait déjà prêté à Jules des sommes considérables, que Jules avait perdues, et qu'il ne pouvait pas rendre. Jules sentait qu'il creusait un précipice sous ses pas; mais il s'y laissait entraîner, et par l'art avec lequel la petite Agathe le retenait dans ses fers, et par le charme qu'il trouvait dans les sociétés de la Saint-Elme. Ajouterai-je que la situation de son logement chez Adalbert le rendait coupable au point de recevoir une partie des nuits la fille qui l'avait séduit !... Faustin avait l'air de protéger ces tête-à-tête, et Adalbert conduisait tout.

Il jouissait sans doute de son ouvrage, ce méchant Adalbert ; mais il n'était pas encore au comble de ses vœux. Il lui fallait pour atteindre à son but (toujours énigmatique jusqu'à ce jour), il lui fallait un coup d'éclat de la part de Jules, et c'est à quoi il travaillait depuis long-tems. Dennecy lui parut le seul homme qui pût porter Jules à ce coup violent, et il alla voir un jour Dennecy : Je viens vous visiter, mon jeune ami, lui dit-il ; puisque vous avez presque disparu de ma maison. C'est Jules que vous venez y chercher à présent, ce n'est pas moi, et j'ai cru remarquer que vous deveniez sombre, rêveur, que vous changiez en un mot. Auriez-vous quelque chagrin, quelque secrète inquiétude ? les jeunes gens sont légers, ont quelquefois des torts... qu'on peut réparer. Ne suis-je plus l'ami de votre famille, le vôtre ? Parlez-moi avec confiance. C'est à l'insçu de Jules que je viens vous interroger ; et, s'il ne faut pas que Jules sache notre conversation, je vous promets que je lui cacherai jusqu'à cette démarche du juste intérêt que je prends à vous.

Dennecy le regarde d'un air étonné, indécis ensuite, et comme quelqu'un qui voudrait rompre un silence pénible. Adalbert continue : Est-ce qu'il y aurait du froid entre vous et Jules, ne seriez-vous plus aussi bien ensemble ? —Pardonnez-moi, Monsieur, mieux que jamais... je ne conçois même pas pourquoi vous formez de pareils soupçons.— Mais je n'ai nuls soupçons.. . .l'inquiétude de l'amitié, voilà tout. Je viens vous voir, je vous le répète, et comme je vous trouve plus triste que de coutume, je vous demande si vous avez des chagrins, de les verser dans mon sein. — Monsieur, je ne suis pas sans quelques chagrins, je vous l'avoue. — Jules y aurait-il quelque part ? — Jules ?.... mais non. Jules est mon ami intime, il est incapable.... — Je le crois, et sans doute vous lui avez confié ?... — Il ignore, il ignorera toujours l'espèce d'embarras dans lequel je me trouve. — Parce qu'il en est un peu la cause peut-être ? Parlez-moi franchement. Il m'est revenu que Jules, qui d'ailleurs perd tout son tems, ce qui me fâche beaucoup ; on m'a assuré, dis-je, que Jules faisait à mon insçu beaucoup de dépenses, je ne sais à quoi, mais enfin il mène un train plus brillant que ne lui permettent ses facultés, les menus plaisirs que lui donnent ses parens, les petites gratifications que moi-même j'ai le plaisir de lui offrir. Cela est vrai, ou cela est faux. Si ce rapport qu'on m'a fait est véritable, où prend-il de l'argent ? dans la bourse de ses amis, et quel ami a-t-il plus obligeant, plus attaché que vous?.... Un moment, ne m'interrompez pas? Entre nous, je me montre plus sévère envers lui, que je ne le suis dans le fond. Ce n'est pas que s'il faisait quelque sottise trop forte, je ne le traitasse avec la plus grande rigueur ; mais pour de légères peccadilles.... nous sommes hommes ; nous savons excuser les faiblesses attachées à l'humanité, à la jeunesse sur-tout, réparer les fautes de cette folle jeunesse ; mais sans lui en parler ; car alors on serait forcé de la gronder, de la moriginer, et peut-être pis que cela. Vous voyez que je vous mets bien à votre aise. Si Jules vous a emprunté, ainsi que je le présume ; s'il vous doit, si enfin c'est cette dette de l'amitié qui vous inquiète, ouvrez-moi votre cœur; parlez avec confiance à l'ami de votre famille, au vôtre ; je vous jure sur ce que j'ai de plus sacré au monde qu'il n'en saura rien, ce cher Jules, et que je ne lui en ferai même pas la mine, comme on dit.

Adalbert savait à qui il s'adressait. Il connaissait Dennecy pour un étourdi qui ne réfléchissait point, qui agissait suivant l'impulsion du moment, et il espérait bien obtenir de lui l'aveu d'une dette dont il connaissait d'avance le montant et toutes les particularités qui l'avaient fait naître.

Dennecy le regardait cependant en silence, et n'osait pas encore se confier à lui. Adalbert, souple et patelin, réitera ses instances avec tant d'adresse que Dennecy lui parla ainsi : Eh bien, homme bon, sensible, généreux, apprenez donc... mais vous me promettez que Jules?...
— Il n'en saura rien ; je vous en donne ma parole, elle est sacrée.
— Il est vrai que Jules... pour des folies, des parties de jeunes gens (*il n'osait pas parler du jeu*), je lui ai avancé jusqu'à cent louis, et cette somme je l'ai prise malheureu-

sement dans la caisse dont je suis dépositaire. Voilà le sujet de ma juste sollicitude. — Ah, jeune homme ! qu'avez-vous fait ! mais votre aveu franc et loyal m'impose le devoir de me taire sur les objections que j'aurais, comme tout homme délicat, le droit de vous faire. Vous êtes malheureux par la faute de mon neveu ; je dois vous secourir. Ces cent louis vont bien me gêner... — Quoi, Monsieur, vous auriez l'extrême bonté ?... — Dans quelques mois, j'ai à toucher des rentrées capables de couvrir une somme plus forte ; mais, quoique gêné dans ce moment, je puis vous donner celle qui vous inquiète. — Vraiment, bon Adalbert, vous allez me rendre ?... — Tout ; mais à une condition. — Laquelle ? — C'est que vous

vous tairez de votre côté sur cet acte d'indulgence de ma part? Vous sentez que si Jules l'apprend par vous, cela me met dans la nécessité de lui en parler, de lui faire des reproches. Non. Qu'il ignore cette restitution; je me contenterai, moi, de le surveiller comme il faut, et je ne vous dis pas là-dessus ce que je ferai! — Indiscret que je suis! mon ami va se voir gêné, surveillé... — Ne craignez rien pour lui. Seulement, je ferai mon devoir. A votre tour, vous me donnez votre parole d'honneur que vous garderez le silence? — Je vous la donne. — A ce titre, je vais me saigner pour vous obliger; car, encore une fois, dans quelques mois, cela m'eût beaucoup moins contrarié. Mais il faut vous secourir, je ne transige plus avec la nécessité. Tout ce que je possède est à vous. Venez chez moi.

Le lecteur sent la perfidie de cette répétition d'Adalbert que, dans quelques mois, il pourrait prêter davantage. Il veut ainsi, par un air de facilité, mettre Dennecy à son aise sur les nouveaux services qu'il pourra rendre à son ami ; et Dennecy, qui manque de jugement, le regarde en effet comme un oncle faible et très-commode.

Adalbert lui remplace le déficit de sa caisse; il n'en parle point à Jules qu'il traite avec la même affection, et Dennecy, pour se donner l'air d'un ami à qui les sacrifices ne coûtent rien, cache de même à Jules et la visite d'Adalbert, et l'obligation qu'ils lui ont tous les deux.

Jules écrit rarement à ses parens; mais Adalbert leur envoie des lettres presqu'à tous les courriers, et il a soin de rejeter la négligence de son neveu sur les grandes occupations de ce jeune homme qui, selon lui, se livre trop assiduement à l'étude des lois : il tomberait malade si on ne l'empêchait de passer des nuits à ce travail, dans lequel il fait de rapides progrès.

Les nouvelles qu'on reçoit de monsieur et madame Berny sont très-affligeantes. M. Berny est toujours indisposé d'une manière inquiétante, et la jeune Aloyse a beaucoup de peine à se rétablir. Madame Berny, qui écrit au nom de sa famille, fait pressentir que le tems des vacances du parlement étant encore éloigné, elle se verra forcée de rappeler Jules, et priera M. Forville, qui a continuellement affaire dans la province, de l'accompagner à son retour, dont elle fixera l'époque incessamment.

Adalbert sent que son Séyde, ainsi qu'il l'appelle, va lui échapper, et qu'il n'a pas de tems à perdre pour le plonger tout-à-fait dans l'abyme qu'il creuse sous ses pas.

Madame la marquise d'Arancourt est venue à bout de faire enfermer la Détestor. Adalbert sait que la marquise, à son retour chez M. Berny, lui a fait de lui les plus grands éloges, et qu'elle a presque obtenu grace pour la faute de Jules. Il est tranquille de ce côté-là; mais la Détestor lui manque pour achever son plan; il se retournera d'un autre côté. Pour faire des noirceurs et trouver des co plices, Adalbert n'est jamais embarrassé. Combien de peines il se donne pour faire le mal, tandis que le bien coûte si peu à quiconque est assez vertueux pour le préférer, pour arriver pur, tranquille, au bout de la courte carrière qui nous est tracée sur la terre ! On l'a déjà dit : La vie est un songe ; mais l'honnête homme rêve bien autrement que le coupable !

Suivons celui-ci dans ses projets, et voyons si tous lui réussiront.

V I.

> Il est plaisant qu'on accuse les autres des chagrins qu'on leur cause, en accumulant faute sur faute.

S'il me fallait suivre Jules dans tous les pas qu'il fait journellement vers la perversité, mon tableau serait répoussant pour mon lecteur, indigne, j'ose le dire, de ma plume habituée à tracer des images plus morales. S'il me fallait dire, par exemple, que, des bras d'Agathe, il passa par la suite dans ceux de la Saint-Elme, et qu'ainsi il trompa son ami Dennecy, qui était bien loin de se douter de cette rivalité, on exigerait de moi des détails, et ce sont ces détails que je répugne à donner. Il me suffira d'indiquer que Jules, sans cesser d'aimer Agathe, devint également amant heureux de madame Saint-Elme, et qu'il oublia entièrement son Aloyse. Toujours dans les plaisirs, continuellement livré à la société de ces viles courtisanes, il n'avait pas le tems de faire un retour sur lui-même, et ne mettait son unique étude qu'à cacher ses liaisons à son Adalbert qui l'y avait préparé, et qui savait tout par le moyen de Faustin, le digne confident de son jeune maître.

On m'objectera sans doute que, pour se laisser ainsi corrompre, Jules avait du goût déjà, des dispositions pour le vice ; qu'un bon naturel aurait résisté à la seduction, aux tentations, à toutes les intrigues dont notre Jules était la victime. Je demanderai à mon tour, si un jeune homme qui, au sortir du collége, a passé cinq années dans une campagne isolée, où il n'a connu ni fêtes, ni bals, ni plaisirs que ceux de la société de parens bons, mais simples et un peu sérieux, n'est pas très-facile à saisir toutes les impressions qu'on veut lui faire prendre, quand il se trouve presque son maître dans une grande ville, mené par un hypocrite qui veut le perdre, et lancé tout de suite dans les cercles les plus dangereux pour ses mœurs. Je l'ai déjà dit, si Jules eût été poussé au bien, il s'y fût livré avec la même ardeur; mais Jules, avec un sens droit, de l'esprit, du caractère même, a une bonhomie, une simplicité d'enfance, une crédulité aveugle; et qu'on ajoute à cela l'inexpérience ! l'inexpérience, qui est le principe de toutes les fausses démarches que l'être le meilleur peut faire dans la vie !.... Continuons.

Jules ignorait que la Détestor fût enfermée; il se félicitait de se voir enfin délivré des importunités de cette femme, et avalait à longs traits le poison de la volupté dans la société de la Saint-Elme et d'Agathe qu'il trompait, ou qui feignait de se laisser tromper. Le jeu, les parties de plaisir, les présens, rien ne coûtait à Jules, à qui Dennecy, qui se croyait sûr d'être remboursé par Adalbert, avançait toutes les sommes dont il avait besoin. Jules ne réfléchissait plus ; il se livrait, il allait, il allait sans prévoir la fin que pourrait avoir tout cela. S'il pensait encore en frémissant, à sa cousine Aloyse, il regardait son dernier portrait, celui d'Agathe, et Agathe avait de nouveau la préférence dans son cœur. Agathe prétextait toujours que sa tante voulait la marier à M. Potten ; elle ajoutait qu'elle employait mille ruses pour reculer ce fatal mariage ; mais un incident vint rendre ce prétendu mariage impossible, et ajouter à l'aveugle tendresse que Jules avait vouée à cette créature. Elle lui annonça, un matin, en fondant en larmes, qu'elle était enceinte, et qu'elle ne pouvait plus rester chez sa tante, sans s'exposer à toute la colère dont un pareil déshonneur devait enflammer madame Dervisse.

Jules, tout en redoublant d'intérêt pour Agathe, sentit dans quel embarras le plongeait un pareil événement. Il en parla à Faustin qui leva bientôt tous ses scrupules : Je connais, lui dit Faustin, dans le faubourg ici près, une retraite écartée où votre amie pourra se soustraire à tous les regards. — Quoi, l'enlever de chez sa tante ! — Vous ne l'enlevez pas ; c'est elle qui se soustrait à son tyran. — Mais, Faustin, si M. de Faskilan apprenait ? — Qui le lui dira ? vous apparemment ; car moi !... Il n'y a que ce moyen. Il vous inquiète ? eh, vous êtes bien enfant. Allez, laissez moi faire. Annoncez seulement à mademoiselle Agathe, le parti que vous avez pris de la mettre dans un logement écarté, et je me charge du reste.

Agathe, ainsi qu'on le devine, accepta avec joie cette proposition ; elle feignit de quitter, un beau matin, la maison de madame Dervisse, et elle vint loger dans la retraite que Faustin avait arrangée pour la recevoir. C'était un surcroît de dépenses pour Jules ; mais Jules avait Dennecy qui, dans sa confidence et approuvant sa conduite, lui donnait de l'argent sans lui avouer dans quelle source il le puisait, et qu'il disait gagner au jeu ou à la loterie.

Tous ces torts de Jules étaient graves sans doute ; mais ils s'accumulaient trop lentement au gré d'Adalbert, qui désirait, de la part du jeune homme, quelque coup de tête plus éclatant. Il crut en amener un en engageant la Dervisse à seconder un plan qu'il lui traça.

En conséquence de ce plan, la Dervisse se présenta un jour chez Adalbert, au moment où il déjeunait seul avec Jules. Jules pâlit à son aspect. La Dervisse était agitée, échevelée, dans le désordre d'une femme qui éprouve une forte révolution. Je viens, dit-elle à Adalbert, je viens vous demander justice de la conduite affreuse de Monsieur que voilà. — De mon neveu ! qu'a-t-il donc fait ? — Il m'a déshonorée, Monsieur, il a déshonoré ma nièce ; enfin il l'a enlevée de chez moi. — Enlevée ! — Depuis avant hier, Agathe a disparu. Je pleurais, je m'arrachais les cheveux, j'étais au désespoir, et bien éloignée sans doute de soupçonner M. Berny d'un trait si noir. A force de chercher, moi et mes amis, nous avons découvert que mademoiselle Agathe est rue Saint-Hyppolite, dans une maison louée pour Monsieur, au nom de Monsieur, et.... vous voyez mes larmes!... Cette indigne nièce est prête à devenir mère!... O honte!

Jules voudrait que la foudre l'écrasât sur la place où il reste immobile, pâle, saisi d'effroi. La Dervisse pleure à chaudes larmes. Adalbert prend le ton le plus sévère. Il se retourne vers Jules : Ce que j'apprends de vous, Monsieur, lui dit-il, est-il croyable ! Auriez-vous poussé à ce point l'oubli de la délicatesse et des mœurs?

La Dervisse répond pour lui.

Eh, son silence ne l'accuse-t-il pas assez à vos yeux ! Perfide jeune homme, qui me privez d'Agathe, que je chérissais, qui était la vertu, la décence même !

Adalbert réplique : Il faut qu'il vous rende votre nièce, Madame, et dès aujourd'hui ? — Comment, qu'il me la rende ? dans l'état où elle est, Monsieur ! vous joignez-vous à lui pour me désespérer ! Au moment où elle allait épouser un homme respectable, puis-je la reprendre, l'offrir à M. Potten, à tout autre ? Non, non, non ! il n'y a qu'un bon mariage qui puisse réparer un tel affront. — Un... mariage !... — Oui sans doute, un mariage ; qu'y a-t-il d'étonnant ? vous connaissez notre famille ; vous savez qu'elle est.... — Estimable, cela est vrai ; mais... — Mais, mais, ce *mais* est singulier. Est-ce que nous ne valons pas bien M. et madame Berny, ses père et mère ? Ils ne me diront pas de *mais*, eux, j'en suis bien sûre, dans la réponse qu'ils feront sans doute à la lettre que je leur ai écrite ce matin. — Vous leur avez ?... — Tout appris ; la séduction de Jules, la grossesse d'Agathe, sa fuite, son nouveau domicile, l'amour extrême de cette imprudente pour leur fils, je leur ai tout marqué. Une tante trahie, déshonorée, au désespoir enfin, peut-elle être mal accueillie de parens vertueux, comme le sont, dit-on, ceux de Monsieur ?... Je termine par leur demander une réparation éclatante, et cette réparation, c'est le mariage !

Jules, qui était resté muet, ne tient plus contre la douleur qu'il éprouve d'apprendre que ses parens vont tout savoir. Il s'écrie : Femme, aussi barbare envers moi que pour votre malheureuse nièce, avez-vous pu écrire à mon père?...
— Oui, Monsieur; pourquoi donc pas ?

La Dervisse a les yeux hors de la tête, et les poings sur les côtés, suivant le genre d'éducation qu'elle a reçue. C'est affreux, répond Jules, c'est une horreur! vous me perdez, Madame, oui! vous m'éloignez à jamais d'un père que cette nouvelle faute va tuer! — J'en suis fâchée, vous avez séduit ma nièce, vous l'épouserez, ou le procès le plus scandaleux!... J'y mangerais ma fortune.

Voilà de belles affaires, interrompt froidement Adalbert! et vous êtes, Jules, un homme qui a bien justifié ma confiance et ma trop aveugle amitié! Ah, ah! vous avez une maîtresse en chambre, et cette maîtresse vous la choisissez dans une famille respectable, qui est de mes amies. Quand je vous disais qu'un jeune étourdi était cause de la résistance que mademoiselle Dervisse apportait à un mariage honorable, j'étais bien loin de vous soupçonner d'être cet étourdi-là; et vous qui me traitiez comme un oncle de comédie, vous n'en avez pas moins continué vos séductions; ah, cela est abominable! Vous ne devinez pas, Monsieur, la peine cruelle que vous me faites!

Il essuie ses yeux comme s'il

s'en échappait quelques larmes. Jules se promène en lançant des regards foudroyans à la Dervisse, qui, de son côté, feint de pleurer amèrement. Adalbert continue : Vous voilà maintenant dans un grand embarras ! vous compromettez madame et moi-même; car, d'après la lettre que cette tante irritée a écrite à vos parens, que vont-ils penser de moi qui n'ai pas su leur garder probe et délicat, le fils qu'ils m'ont confié. Eh, puis, cette honnête famille qui demande une réparation !.... Ah, mon Dieu, mon Dieu, dans quel trouble je suis plongé !... Il faut pourtant prendre un parti. — Oui, dit la Dervisse, il faut absolument prendre un parti. Ce ne sont pas vos reproches, ni vos jérémiades qui vengeront mon outrage. — Voyez, Monsieur, reprend Adalbert, quelles sont vos intentions ? — Mais, mon oncle... — D'abord, ne vous servez plus de cette expression, *mon oncle*, que j'avais permise à l'amitié, que la juste indignation vous retire. Je ne suis qu'un étranger pour vous, vous le savez, vous me l'avez trop prouvé. — Ciel ! comme on m'accable ! — Comme vous le méritez. Parlez, dites ce que vous prétendez faire ? — Eh, le sais-je ce que je dois faire, si vous m'abandonnez ! si vous ne me guidez par vos sages avis ? — Vous les avez si bien suivis jusqu'à présent, que je ne me crois plus dans la nécessité de vous en donner. — Voulez-vous, mon oncle, que j'épouse Agathe, quand vous savez qu'on me destine Aloyse ? —

Vous vous êtes donc fait un jeu, un amusement, de déshonorer cette jeune personne. Sortez de ma maison, Monsieur, retournez chez vos parens? je ne garderai de votre souvenir que le regret d'avoir perdu, par votre inconduite et mon trop d'attachement pour vous, l'estime, la confiance de deux amis que je ne dois plus revoir. Voilà l'obligation que je vous ai. — Vous me chassez, mon oncle, vous m'éloignez de vous?— Ne vous êtes-vous pas éloigné de moi le premier, en oubliant le serment que vous m'avez fait de me prendre pour votre plus cher confident? Je conçois qu'en effet ce genre de confidences vous coûtait à faire, et vous me jugiez avec raison incapable de les entendre!

Adalbert, voyant que la Dervisse ne parle plus, la pousse et lui dit tout bas : A votre tour donc, allons, ferme ?

La Dervisse reprend la parole. Toutes ces discussions ne me regardent pas, moi. Il me faut une réponse définitive : vous décidez-vous, Messieurs, à réparer, et très-promptement, mon honneur offensé ? Vous allez me proposer encore de me rendre ma nièce. — Plutôt mourir, s'écrie Jules, que de vous la rendre !

Adalbert, au comble de la joie, dit bas à la Dervisse : Fort bien, continuez.

La Dervisse poursuit : On serait bien fâchée aussi de vous la reprendre. Ainsi vous l'épouserez ? — Le puis-je sans l'aveu de mon père ? —

Vous l'aurez. — Jamais! ah, je dois le fuir. —Vous le fuirez, vous ne le fuirez pas, tout comme il vous plaira; mais vous serez l'époux d'A-gathe, ou parbleu nous verrons.

Adalbert l'interrompt: Madame, vous êtes outragée, désespérée; on peut vous pardonner d'insister aujourd'hui sur une réponse que le tems et le calme de la réflexion peuvent seuls suggérer. —Le tems, Monsieur; il n'y a pas de tems à perdre. — Je plains, je vous le répète, et j'approuve votre douleur; je la partage même : cependant vous concevez que, sans une réponse de ses parens, il ne peut rien décider. Laissez-moi lui parler; daignez me permettre de rester seul avec lui, et j'ose vous promettre, tante trop infortunée, que ma médiation ne vous sera pas infructueuse. — A la bonne heure, voilà parler en honnête homme. Je sors, Messieurs, je sors, je vais faire à cette nièce coupable les reproches qu'elle mérite, et songez que j'attends votre réponse sous vingt-quatre heures !

Elle sort en lançant à Jules un regard menaçant.

Elle va désespérer Agathe, s'écrie Jules en fondant en larmes. — Je vous trouve bien audacieux, lui répond Adalbert, de me parler de cette Agathe quand vous avez ma juste colère à désarmer ! — Mon oncle.... — Encore une fois, ne me nommez plus ainsi. Je serais bien fâché de tenir par quelque lien du sang à un libertin tel que vous. — Mais, Monsieur, ce ton.... — Me convient. Vous êtes dans votre tort ; humiliez-vous ? J'avais pu vous passer l'aventure de cette baronne Détestor, qui nous a tous trompés, qui expie aujourd'hui dans les prisons son inconduite, et même sa scélératesse. — Grand Dieu ! la baronne... — Laissons-là la baronne, et parlons de votre nouvelle incartade... avez-vous dû former une liaison coupable aux yeux des hommes et de Dieu... de Dieu, qui... — Eh, Monsieur, vous ne parlez que de Dieu ! toutes ces liaisons si coupables, je ne les ai formées que par vous ; c'est chez vous que j'ai connu Agathe et la Détestor.

Adalbert est un peu étonné de cette sortie à laquelle il ne s'attendait pas. Il craint que le jeune homme n'ait vu trop clair, et il sent qu'il pousse la sévérité un peu loin. C'est à tort qu'il soupçonne à Jules tant de sagacité. Jules n'a dit ces mots là que par dépit, et pour chercher à se justifier. Adalbert en fait soudain la réflexion, et ne s'en détermine pas moins à adoucir ses reproches : Que dites-vous-là, Jules, réplique-t-il ; l'ai-je bien entendu? c'est par moi et chez moi que vous avez formé ces liaisons ! d'abord, si madame Détestor est vicieuse, Agathe ne l'était point ; je pouvais donc vous faire connaître sans danger, la maison de madame Dervisse qui est une femme respectable ; vous le voyez, je crois, à son indignation. Il est plaisant qu'on accuse les autres des chagrins qu'on leur cause en accumulant faute sur faute, en se cachant d'eux, en abusant de leur confiance! Pouvais-je vous croire capable de porter le déshonneur au sein d'une famille, en abusant de l'innocence et de la candeur des personnes que je recevais chez moi? Vous auriez donc fait le même reproche au père Augely si, demeurant avec lui, vous eussiez séduit les nièces ou les filles de ses amis! une telle injustice m'afflige beaucoup, et je ne croyais pas la mériter ! — Mon oncle, aussi vous me traitez?... vous venez de me bannir de votre maison! —Il faudra la quitter, Monsieur, si tout ceci ne s'arrange pas au gré de tout le monde ; et cela sera difficile ; car vos parens ne consentiront jamais à ce que vous épousiez Agathe. — Pourquoi, Monsieur, si Agathe est d'une famille honnête, et aussi fortunée que la mienne. — Et votre cousine ? — Aloyse !... grand Dieu ! je suis trop coupable envers elle pour mériter jamais son a...mitié, sa main. — Subterfuge d'un cœur qui est entièrement changé à son égard. Dites que vous ne l'aimez plus, que cette si jolie Agathe a maintenant toute votre tendresse ? — Mon oncle, il est vrai que je lui suis bien attaché ! — Au point de ne pouvoir vous en séparer ? — Elle en mourrait. — Cela est possible, puisque vous le dites. Cependant il faut répondre... — A mon père ? — Non, ce n'est pas cela que je veux dire.

(Comme Adalbert est intéressé à ce que la famille Berny ne connaisse pas encore tous les torts de

Jules, la Dervisse n'a point écrit à M. Berny. On a dit cela au jeune homme seulement pour l'effrayer, et ce mensonge a réussi. Adalbert s'empresse donc d'empêcher Jules d'apprendre à ses parens ce qu'ils ignorent, et il continue) : Ce n'est pas tout-à-fait cela que j'entends, et vous devez, Jules, attendre la réponse que votre mère fera sans doute à madame Dervisse, avant d'aggraver votre faute en en parlant à M. Berny, sans savoir comment il l'aura vue. N'écrivez point qu'on ne réponde, je vous le conseille, et je l'exige de vous. — Je sens votre raison, mon oncle, et j'y souscris. Il sera toujours tems d'implorer mon pardon... — Quand vous saurez de quelle manière il faudra vous y prendre. Si par hasard vos parens ont à cœur l'honneur d'une famille outragée par leur fils.... mais je ne le crois pas ; la douleur qu'ils éprouveront de voir leurs projets manqués relativement à leur nièce Aloyse, les rendra d'abord injustes envers les dames Dervisse, furieux ensuite, à juste titre, contre vous. — Ciel ! est-on plus malheureux ! — Par votre faute. Quant à moi, Jules, je n'ai qu'un mot à vous dire. Vous êtes un homme, vous avez du caractère, réfléchissez jusqu'à demain à la réponse qu'il vous conviendra de faire à madame Dervisse ; mais si l'honneur n'est pas satisfait, je vous le déclare formellement, nous nous séparerons, Monsieur, (*il soupire*) il faudra bien nous séparer, pour le monde, qui m'accuserait de flatter, de soutenir vos passions; et pour le repos de ma conscience !

Adalbert se retire, et Jules vole chez Agathe.

VII.

Jules, mon ami, mon cher Jules, où vas-tu, avec qui es-tu ?... un funeste pressentiment m'avertit que tu me fuis !

Agathe feint un trouble violent ; elle prétend que sa tante sort de chez elle, après l'avoir presque maltraitée. Elle conjure Jules de satisfaire cette tante irritée, en épousant son amie, en donnant un père légitime à l'enfant qu'elle porte en son sein.

Jules ne sait que répondre, que faire. Il promet de réfléchir, d'agir, et, dans le fond, il est hors d'état de prendre un parti. Il court chez

Dennecy, à qui il fait part de tous ses chagrins. Dennecy ne sait à son tour quel conseil lui donner. Ils vont dîner chez la Saint-Elme à qui l'on fait la même confidence. La Saint-Elme, un peu piquée de ce que Jules ne lui sacrifie pas tout-à-fait Agathe, lui conseille d'abandonner cette petite fille. Elle est presque tentée de le mettre au fait de la comédie qu'on lui joue ; mais, entre femmes de cette espèce, on ne se nuit pas réciproquement, et l'on est intéressé, pour sa propre sûreté, à garder les secrets des autres.

Dennecy, qui a affaire chez son banquier, est obligé de quitter de bonne heure ses amis, et Jules reste seul avec madame Saint-Elme. Jules croit que c'est uniquement la jalousie qui indique à cette femme l'avis qu'elle lui donne de quitter Agathe ; il est bien éloigné de le suivre. Cependant, il est un proverbe qui dit que la douleur mène à l'amour, et Jules en éprouve la vérité. Il se laisse attendrir par les agaceries de la Saint-Elme ; il s'étourdit à la suite d'un souper fin, et il passe la nuit chez cette courtisane.

Il est bien étonné, au petit jour, de se sentir réveillé brusquement, entraîné même fortement dans la chambre par un bras très-robuste. Levez-vous, Monsieur, lui crie-t-on, et veuillez sortir avec moi.

La Saint-Elme, que le bruit réveille à son tour, reconnaît le particulier qui entraîne Jules, et s'écrie : Ciel, Rynneval ! vous ici !

Ce Rynneval était un officier de dragons, amant de la Saint-Elme.

Obligé de joindre son régiment, il était éloigné d'elle depuis un an, et, trop occupé, il ne lui avait pas même donné de ses nouvelles. De retour à Paris, possesseur d'une clef qui, par un escalier dérobé, ouvrait la porte du logement de cette femme, il était entré furtivement chez elle, et l'on juge de son étonnement d'y trouver un rival.

Jeune, impétueux, dominé par les passions, Rynneval, sans s'expliquer, provoque Jules à le suivre à l'instant au bois de Boulogne. Jules veut savoir les motifs de sa colère ; Rynneval le traite de lâche, et Jules se voit bientôt obligé de céder à ses vœux, malgré les cris de la Saint-Elme qui cherche envain à le retenir.

Jules n'a jamais tiré une épée;

telle est pourtant l'arme dont son rival exige qu'il se serve. L'officier en procure une à Jules, et les voilà sur le pré. Jules sent l'étendue de la nouvelle faute qu'il va commettre ; mais il est brave ; insulté, provoqué, il ne peut pas reculer. Quoique Jules n'ait qu'une légère connaissance des règles de l'escrime, il s'y prend cependant avec assez d'adresse, et il a le bonheur, ou plutôt le malheur de plonger en entier le fer homicide dans le cœur de son ennemi. Rynneval tombe à ses pieds, privé d'existence, et notre jeune homme reste soudain saisi d'effroi, pénétré de regrets, en proie à ses remords : O Jules, s'écrie-t-il, qu'as-tu fait !... Tu viens donc de tuer un homme ! un homme que tu ne connaissais pas, qui ne t'avait jamais rien fait; et cela, parce qu'amant d'une femme perfide, il s'est indigné avec raison, de trouver en toi son rival ? O Jules ! où te cacher, où fuir ?...

Il veut essayer de rappeler à la vie l'infortuné qu'il vient d'en priver. Ses efforts sont vains, et le bruit des pas de quelques personnes qui s'avancent le force à se retirer. Il revient comme un insensé, où ? Chez cette même Saint-Elme, qu'il trouve livrée au plus grand trouble, et il lui apprend, en l'accablant de reproches, qu'il a tué Rynneval. Vous êtes perdu, lui répond la Saint-Elme ; ce malheureux appartient à une famille puissante qui ne négligera rien pour venger sa mort. Il faut fuir et moi aussi. — Fuir, grand Dieu ! quitter mon oncle,

Agathe.... — Emmenons Agathe. Vous n'avez que le parti d'une prompte fuite. — Et Dennecy ? — Volons chez lui.

La Saint-Elme fait avancer une voiture de place ; elle y monte avec Jules, qui est hors de lui. Entrés chez Dennecy, on lui compte le malheur qui vient d'arriver. Dennecy connaissait ce Rynneval, et le croyait absent pour toujours ; il apprend son retour, sa mort ; il réfléchit un moment ; les suites de cette affaire l'effraient pour son ami Rendez-vous, dit-il, sans perdre un moment, chez Agathe. Dans une heure vous m'y verrez prêt à vous suivre par-tout.

Pendant que la Saint-Elme et Jules, désespéré, vont chez Agathe, le misérable Dennecy s'empare de tous les fonds qu'il trouve dans la caisse de son banquier, et court les rejoindre. J'ai de l'argent, leur dit-il, partons sur-le-champ. — Moi, répond Jules accablé de douleur, moi quitter un oncle qui me chérit! — Eh, ne te trouves-tu pas avec cet oncle dans le plus grand embarras? Ne faut-il pas que tu répondes aujourd'hui même à madame Dervisse? Ton oncle enfin ne t'a-t-il pas menacé de se séparer de toi, de te chasser de chez lui, si ta réponse ne le satisfaisait pas? Jules, tu es pressé de tous les côtés, et ce sera bien pis si la famille Rynneval te découvre, te fait arrêter... Viens, te dis-je, ne perdons pas un instant. — Malheureux!... ô mon père! — On l'appaisera, de loin, ainsi qu'Adalbert. Sauvons-nous; c'est le plus

pressé. — Que j'écrive au moins...
— A qui, à ton oncle? — Non, mais à Faustin? Veux-tu m'accompagner un moment jusqu'à la rue des Postes; j'ai des effets à prendre.

Dennecy réfléchit que M. Dupont n'aura pas eu encore le tems de s'apercevoir de sa fuite, de son larcin, puisque lui Dennecy a emporté la clef de sa caisse, et qu'il peut être censé absent. Il cède à l'invitation de Jules. On promet aux deux femmes de revenir bientôt; et les deux amis, trop dignes maintenant l'un de l'autre, volent à la maison d'Adalbert.

Il n'est que huit heures du matin, il ne fait pas jour encore chez Adalbert, qui ne se doute guère de la manière dont le sort favorise ses odieux projets. Jules entre dans son logement par la petite rue ; égaré par la foule de ses réflexions, pressé d'ailleurs par Dennecy, il prend ses effets les plus précieux. Il écrit ensuite ce peu de mots qu'il laisse sur une table :

Ce jeudi 20, à 8 heures du matin.

« Une affaire d'honneur me force
« à me cacher, je ne sais où. Par-
« don, oncle respectable que j'ou-
« trage, mille fois pardon ! Si j'avais
« suivi vos sages conseils... Je suis
« coupable, et le plus malheureux
« de tous les hommes !

« Jules Berny. »

Il laisse ouverte la porte de son corps-de-logis qui donne sur le jardin, et il veut sortir... mais le regret de quitter Adalbert, le souvenir de ses principes vertueux; lorsqu'il entra dans cette maison, l'idée des regrets d'Adalbert, de ceux de son père, de sa mère, d'Aloyse, tout le pénètre de douleur, et il tombe sur un siége en versant un torrent de larmes.

Dennecy, effrayé du retard que ce désespoir apporte à leur fuite, s'écrie: Jules! Jules! mon ami, que fais-tu? n'es-tu pas un homme! vas-tu rester-là? et me feras-tu repentir de l'imprudence que j'ai eu de céder à tes desirs, en t'accompagnant ici!....Si l'on venait, si l'on te retenait, tu me perdrais, Jules; car, il ne m'est plus possible de reculer, je te l'avoue. Pour t'aider, pour ne pas te quitter, j'ai fait la faute la plus grave...Il ne m'entend pas!... Jules, je vous dis que je me suis rendu plus coupable que vous, et pour vous, pour vous ! qui êtes mon rival, puisque sans doute vous aviez passé la nuit chez Sophie. Malgré vos dénégations, que faisiez-vous, si matin, chez elle ?... Mais ce n'est pas le tems des reproches ; quels que soient vos torts envers un ami, je vous les pardonne. Au moins, ne le perdez pas, cet ami, qui sacrifie tout pour vous. — Tu es mon ami, et tu veux m'arracher de ces lieux où j'entrai avec l'innocence ! — Il le faut, Jules. Apprenez que ce porte-feuille, cet or, tout ce que je possède...—Eh bien ? — Mais tu sauras cela par la suite. Prends du courage, Jules, suis-moi, et songe que nous serions perdus tous les deux, si ton oncle nous surprenait ici !

Jules se lève. Il étend ses bras vers la retraite d'Adalbert, et s'écrie : Adieu, adieu pour jamais! — Non pas pour jamais, mais pour quelque tems. — Je t'écrirai, oncle trop confiant, tu connaîtras mes fautes et mes remords. — Des remords ; c'est bien le tems d'y penser ! — Amédée, il me vient une réflexion. Si je volais aux pieds d'Adalbert; si je lui avouais !... — Quelle idée! tout cela empêcherait-il la famille Rynneval de te poursuivre. Il vaut mieux, quand tu seras caché, que ton oncle travaille pour toi. Ses démarches te seront plus utiles. Au nom du ciel, venez, Jules, ou je vous abandonne pour la vie ! — Toi m'abandonner, toi que j'ai outragé.... — Tu l'avoues enfin ; mais je t'en veux moins qu'à la perfide Sophie, qui... eh! je l'aime encore, malgré sa trahison, la tienne... Si tu m'as offensé, Jules, j'ai le droit de t'ordonner, au nom de l'indulgente amitié, de te jeter dans mes bras, et de me suivre.

Les deux amis s'embrassent, et sortent. Ils se procurent bientôt des chevaux, une voiture; ils reviennent trouver Agathe, qui s'est préparée à partir, et la Saint-Elme qui a envoyé l'ordre à sa femme-de-chambre de venir la trouver avec les effets les plus faciles à emporter.

Cette femme-de-chambre arrive. Dennecy part le premier avec elle et Sophie. Ils vont attendre leurs amis sur le nouveau boulevart, dans un endroit écarté; et la perfide Agathe, qui ne suit Jules que parce qu'elle a envoyé prévenir sa tante de ces nouveaux incidens, détermine enfin Jules à lui donner son bras jusqu'au lieu du rendez-vous où ils doivent aller à pied pour éviter les soupçons du voisinage.

Jules est à peine dans la rue avec Agathe, que la première personne qu'ils rencontrent est le père Augely!.... Pendant que son aspect imprévu ajoute au trouble déjà assez violent de Jules, le père Augely reste bien étonné de le voir accompagné d'une femme dont la tournure lui dénote assez le ton et les mœurs.

Vous, Jules, dans ce quartier, lui demande le père Augely sans regarder Agathe? — Monsieur, répond Jules en balbutiant, ce quartier... est le mien.... Pardon, je suis pressé, je vous salue.—Un moment! veuillez m'entendre. En revenant de visiter un vénérable ecclésiastique qui demeure ici près, j'allais chez vous. C'est chez vous que je me rendais de ce pas. Cette demoiselle permettra sans doute que je vous y accompagne. J'ai à vous parler, ainsi qu'à M. de Faskilan.

Que l'on juge de la situation de Jules ! le père Augely lui tient le bras, et il n'ose repousser cet homme qui lui en impose. Jules est cependant bien pressé ; ses amis l'attendent, et il faut qu'il quitte Paris. Laissez-moi, Monsieur, dit-il au père avec humeur; j'ai affaire ; je ne puis... — Quelle affaire si pressante, Jules... Mais, grand Dieu ! quelle pâleur couvre vos traits ! il va perdre connaissance. — Je ne suis pas bien. — — Auriez-vous appris déjà la nouvelle ?.... — Quelle.... nouvelle ? — De... votre père ? — Ciel ! mon père est mort. — Non, non, il existe encore ; mais faible, souffrant, on... craint pour ses jours. — Mon père ! ah Dieu !... — Votre mère, trop occupée, trop affligée, n'a pu écrire à personne depuis un mois, pas même à vous. Elle et sa nièce sont jour et nuit auprès de M. Berny qui crache le sang, qui est dans un état... — Mon Dieu ! que de coups à-la-fois ! — Madame d'Arancourt m'a écrit, suivant son vœu, pour que je vous ramène sur-le-champ au Paradis. — Au... Paradis ! — Et, comme je vous l'ai dit, j'allais de ce pas chez M. de Faskilan pour convenir avec vous et lui du moment de notre départ ! — Arrêtez, arrêtez, Monsieur, je suis au désespoir !...

Le père Augely attribue l'excès de la douleur de Jules à la fatale nouvelle qu'il lui apprend. Jules est immobile, les yeux fixés vers le ciel, et Agathe elle-même est effrayée de son état. Le père Augely lui prend la main : Mon fils, lui dit-il, mon cher Jules, ayez du courage et de la confiance en moi. La santé de votre père peut se rétablir, et elle se rétablira, dès qu'il vous reverra, dès que, par vos consolations, par votre piété filiale, vous aurez ramené le bonheur dans son ame. Car, je vous l'avouerai, lui et votre mère sont très-inquiets de votre conduite à Paris. La sécheresse de vos lettres, fort rares d'ailleurs, les a affligés. Ils vous croyent changé, bien changé!... ils se méfient d'Adalbert, de votre inexpérience; ils tremblent à tout moment que vous ne vous laissiez aller à commettre quelque action peu louable, et qui les ferait mourir de chagrin. Jules, revenez donc avec moi chez Adalbert; nous causerons plus commodément que dans cette rue... Vous ne m'écoutez pas; j'ai eu tort de vous apprendre.... Vous êtes léger, Jules, un peu inconséquent; mais vous avez le cœur excellent. Allons, venez?... — Non! je meurs, je meurs-là!

Jules a fait un cri effrayant en prononçant ces mots. Quelques passans s'arrêtent, et le père Augely est un peu honteux de voir qu'il va se donner, pour ainsi dire, en spectacle. Jules, dit froidement le père, est-ce votre douleur ou tout autre motif qui vous égare à ce point ? il n'est pas naturel !...(*il s'adresse à Agathe*) Qu'a-t-il, Mademoiselle ? il vous connaît sans doute, et vous devez savoir.... Où allait-il ? — Mais... une affaire pressante l'oblige, ainsi que moi... — Je ne le quitte pas. —Vous voulez ?... —Vous me le confierez, j'espère, Mademoiselle ; vous permettrez que, seul avec lui,... mais, voyez-le, voyez-le donc ; ses bras, ses yeux fixés sur la terre ; il va tomber, perdre connaissance.

Pendant que le père Augely s'occupe de Jules, qui ne sait plus s'il existe, la rusée Agathe, très-embarrassée de son côté, prend le parti de flatter le religieux, et de tâcher de gagner sa confiance. Vénérable religieux, lui dit-elle, laissez-moi, laissez-moi lui parler. Veuillez-vous rendre chez M. Adalbert, je vous promets de l'y reconduire moi-même dans un instant, quand il aura terminé une.... une affaire... qu'on ne peut confier à un homme de votre caractère. Ma tante et moi, nous sommes les meilleurs amis de M. Adalbert ; je vous jure, sur l'honneur, que dans une heure nous serons, Jules et moi, chez cet oncle respectable. Monsieur Jules aime tant son père, que sa douleur, en apprenant sa maladie, n'a rien du tout d'étonnant. Ne laissons pas rassembler ainsi tous ces curieux, tous ces importuns autour de nous. En grace, bon père, rendez-vous chez son oncle, nous vous y suivrons. Il revient, il revient à lui, ô bonheur ! Jules, monsieur Jules, reconnaissez ce religieux ?... il vous regarde... Jules, n'est-il pas vrai que nous allons le rejoindre chez votre oncle ?

Jules répond, égaré toujours : Oui, oui, la mort !

Agathe reprend en interprêtant ces mots : Il dit oui; il vous assure que nous nous retrouverons chez son oncle; c'est qu'il a craint que son père ne fût mort.

Le père Augely voudrait ne pas quitter Jules; mais la foule s'accroît autour de lui; on l'examine, on le presse, on le serre. Le père Augely craint qu'on ne manque au respect qu'on lui doit; il demande à Agathe si elle ne lui en impose point; Agathe prend le ton honnête, décent, promet de ramener Jules ; et le père Augely s'éloigne, non sans être suivi long-tems par les petits enfans du faubourg.

Agathe alors, maîtresse des volontés de Jules, le presse, le conjure de la suivre. Jules, le coupable Jules ne sait plus ce qu'il fait, ce qu'il dit ; il marche en parlant de son crime, de son père, du religieux, d'Aloyse. Agathe essaie d'abord de l'attendrir sur sa prochaine maternité ; elle lui fait sentir ensuite avec adresse qu'il ne peut se montrer aux regards de sa famille avant que les traces de son duel ne soient effacées : elle lui persuade qu'il n'a de recours qu'en Adalbert ; qu'Adalbert seul, qui est plein de tendresse pour lui, pourra le tirer de cette mauvaise affaire, et le reconcilier avec ses parens. Jules recouvre quelques lueurs de sa raison ; il voudrait, puisqu'on lui peint Adalbert si bon, si généreux, retourner chez lui, se précipiter à ses genoux, obtenir grace et sa protection. Agathe lui peint les poursuites de la famille Rynneval, qui l'atteindraient plutôt chez Adalbert que par-tout ailleurs ; c'est ainsi que balotté par des flots d'idées incohérentes, se peignant l'homme qu'il a tué, le protecteur qu'il fuit, le religieux qui lui tendait les bras, un père enfin prêt d'expirer, c'est ainsi, dis-je, que Jules, après avoir, par les soins d'Agathe, échappé aux curieux, arrive sans force, sans énergie, sans projet comme sans réflexion, à la voiture où l'attendent la St.-Elme et Dennecy.

Ce n'est pas sans peine, leur crie Agathe qui respire enfin, ce n'est pas sans bien des embarras que j'ai pu vous amener Jules. Je vous conterai tout cela. Le voilà, c'est le principal. Aidez-moi à le faire monter, à le consoler; le pauvre jeune homme a bien des chagrins. —Si j'en ai, s'écrie Jules!...Mais où me conduit-on?—Dans les bras de tes amis, lui répond Dennecy.

Et on le porte, pour ainsi dire, dans la chaise de poste.

Dans l'instant même une voix se fait entendre: Jules, Jules, où vas-tu, où vas-tu?...

Agathe et Jules qui sont sur le devant, mettent la tête dehors, et aperçoivent le père Augely qui leur tend les bras.

Agathe dit tout bas à Dennecy:

Ordonnez vîte au postillon de partir, ou tout est perdu.

Jules veut répondre au père; mais l'ordre est donné au postillon qui fouette ses chevaux. La voiture vole, et emporte Jules, presque malgré lui, tandis que le père Augely s'écrie toujours : Jules, mon ami, mon cher Jules, où vas-tu, avec qui es-tu? un funeste pressentiment m'avertit que tu me fuis!...

VIII.

Ces deux misérables rient aux larmes, pendant que leur victime est en proie à la plus sombre douleur, que toute sa famille va y être plongée à son tour, et cela par l'excès de leur scélératesse!

Laissons un moment voyager Jules, que nous retrouverons, et partageons, avec le père Augely, ce qu'il appelle avec raison un funeste pressentiment.

Le père Augely, en paraissant céder aux promesses d'Agathe, n'avait voulu que se débarrasser de ces importuns qui ne vous accablent que trop dans les faubourgs de Paris, pour peu qu'on ait l'air d'y parler plus haut qu'à l'ordinaire. Il était revenu sur ses pas, et avait revu de loin cette même Agathe qui emmenait Jules vers les boulevarts. Malgré qu'il marchât le plus vîte possible, le bon père n'avait pas pu les rejoindre. Ce ne fut qu'en profitant du tems qu'exigea l'irrésolution de Jules pour le faire monter dans la voiture, que le religieux put s'approcher de cette voiture, qu'il eut la douleur de voir partir malgré ses cris. Trop âgé, trop faible pour courir après, ne trouvant personne auprès de lui à qui il pût donner cette commission, il la regarda tant qu'il put la voir, les bras tendus vers elle, le cœur serré, les yeux mouillés de larmes, agité enfin par la plus mortelle inquiétude.

Quand elle se fut tout-à-fait dérobée à ses regards attentifs, il laissa tomber ses bras en disant : Qu'est-ce que cela signifie ? va-t-il à la campagne ? quitte-t-il Paris ? est-ce à l'insçu ou du consentement d'Adalbert ? quelles sont ces quatre personnes qui l'accompagnent ? Quelle est cette fille, qui, d'abord un peu froide envers moi, a pris ensuite un ton presque décent en m'assurant qu'elle allait le reconduire chez Adalbert, ce qu'elle n'a pas fait ?... Mais, ce qui est plus fort, pourquoi la pâleur, le trouble, l'espèce d'égarement enfin de ce malheureux Jules, que sa raison paraissait avoir abandonné, là-bas, dans cette rue où le hasard m'a fait le rencontrer ? La nouvelle que je lui ai apprise de la maladie inquiétante de son père, a t-elle pu l'affliger à ce point? et, si cela était, ne serait-il pas revenu avec moi chez Adalbert? y a-t-il, peut-il avoir une affaire dont l'intérêt l'emporte sur celle-ci? ne devait-il pas au contraire me répondre : Mon père est dans cet état alarmant, Monsieur ! ah, partons sur-le-champ? allons le voir, le consoler, aider ma mère, ma cousine !.... Non, non, ce n'est pas moi, ni son père, ni personne de sa famille qui troublent mon jeune homme à ce point. Il a fait quelque fredaine de jeunesse, et peut-être cherche-t-il à la réparer. Ou bien, il se trouve... il est, il n'y a pas de doute, dans un embarras quelconque. Et moi-même, pourquoi donc suis-je aussi ému ! allons, il n'y a qu'un parti à prendre; c'est d'aller sur-le-champ voir son Adalbert. Il doit savoir pourquoi son prétendu neveu est monté en chaise de poste, sans m'écouter, sans me répondre, sans même vouloir retourner chez lui.

Le père Augely, d'après cette résolution, s'achemine lentement, et en réfléchissant, vers la rue des Postes.

Cependant Adalbert, de son côté, ignorait et le duel de Jules, et la mort de Rynneval qu'il connaissait, et le vol de la caisse du banquier Dupont, et la fuite enfin de tous les coupables. Il s'était levé à neuf heures, et prenait l'air dans son jardin. Il aperçoit la porte ouverte du pavillon de Jules, et le croyant occupé à travailler, il pense le surprendre agréablement en allant lui souhaiter le bonjour.

On se rappelle que Jules a laissé pour lui un billet déployé sur une table. Ce billet frappe les yeux d'Adalbert. Il le lit et il est au comble de la joie, en apprenant qu'une affaire d'honneur a forcé Jules à fuir, à le quitter. Mais quelle est cette affaire d'honneur ? avec qui s'est-il battu ? Voilà ce qu'Adalbert ne comprend pas. Qu'importe ! quoique cet événement n'ait pas été préparé, arrangé par lui, il n'en est pas moins favorable à ses projets. Ce billet, il le garde soigneusement ; car il est bien précieux pour lui. Curieux cependant de connaître à fond cette nouvelle incartade du jeune homme, Adalbert fait venir Faustin.

Faustin, lui dit-il, tu n'es pas franc avec moi; tu ne me dis pas tout? — Sur quoi, Monsieur? — Tu feins d'ignorer! sur Jules? — Comment, sur Jules; est-ce que je ne vous rends pas journellement un compte fidèle de ses actions, de ses paroles, de ses moindres démarches? — Ou tu m'en caches, ou il ne te les confie pas toutes; tu m'aurais prévenu de celle d'aujourd'hui. — Qu'a-t-il fait aujourd'hui? — Ce qu'il a fait? tiens, lis?

Faustin lit le billet et reste bien étonné : Une affaire d'honneur, dit-il; mais cela est donc tombé des nues? Agathe n'a pas d'amant assez déclaré, assez brave pour se battre. La Saint-Elme n'a que lui et Dennecy; à moins que ce ne soit avec Dennecy?... Mais non. La Saint-

Elme ne vaut pas que deux amis comme ceux-là s'égorgent pour elle... Je m'y perds. Hier, après la visite de madame Dervisse, après l'injonction peut-être trop sévère que vous avez faite à Jules.... — Qu'appelles-tu trop sévère ; il fallait qu'elle le fût pour le porter à quelque coup de tête, à un acte quelconque de désespoir. Je voulais qu'il en vînt à enlever Agathe, qui là-dessus, comme tu sais, était bien prévenue. Cela est arrivé, peut-être, mais par un autre moyen. Enfin, tu dis qu'hier?.... — Il a passé la journée avec Dennecy et mademoiselle Saint-Elme ; il est même resté toute la nuit chez cette dernière. Et ce matin... Le billet est-il de ce matin ? — *A huit heures, ce* 20 ; cela est écrit en tête. — Je vous le répète, je n'y suis pas, en vérité, je n'y suis pas. Mais voilà madame Dervisse ; elle nous apprendra peut-être...

La Dervisse entre : Bonjour, cher ami, dit-elle rayonnante de joie ; eh bien, voilà du nouveau. Vous savez sans doute ? — Rien, je ne sais rien, que la fuite de Jules, pour une affaire d'honneur ; voilà seulement ce que m'apprend un billet de lui. — Quoi, vous ignorez.... C'est épouvantable, mon cher, une affaire qui peut le perdre. Vous connaissez le jeune Rynneval ? — Oui, cet officier de dragons, fils unique d'un père et d'une mère qui le couvent des yeux. — C'est lui que Jules a tué. — Rynneval ! — Lui-même. —Comment cela ? était-il lié avec Jules ? — Pas du tout. Voici ce que ma prétendue nièce, mademoiselle Agathe, m'écrit à ce sujet.

Adalbert lit : *Je vous donne à la hâte l'avis précieux que Jules a été surpris chez Saint-Elme par Rynneval, l'ancien et toujours amant de cette femme. Les deux rivaux ont été se battre au bois de Boulogne. Rynneval y est resté mort sur la place. Jules, égaré, est venu nous trouver, Saint-Elme, Dennecy, moi, et nous partons tous. Vous sentez bien que le moment serait mal choisi pour abandonner ce malheureux Jules. Je le suis sans savoir ce que je fais, ce que je dois faire; mais je vous écrirai jour par jour, et vous saurez où me répondre, en quelque lieu que nous allions. Prenez vos instructions d'Adalbert; je suivrai* ses ordres en tout point ; mais qu'ils soient prompts ; car je me lasse très-fort du rôle long et difficile qu'on me fait jouer dans cette comédie, qui devient tragique, comme vous le voyez ; et vraiment les vingt mille francs qu'Adalbert nous a promis sont bien gagnés. S'il n'avait pas eu le soin de nous défrayer de tout, un pareil service ne serait pas payé ! Saint-Elme est obligée de nous suivre, elle ; car elle pourrait payer cher la mort de Rynneval. Quant à Dennecy, je crois que depuis long-tems il avait fait un trou à la caisse de son vieux Dupont, et qu'il n'avait plus d'autre parti à prendre que de s'expatrier après l'avoir vidée tout-à-fait.

Adieu, ma belle, je suis pressée, nous montons en voiture. Ce soir, ou demain, vous recevrez une lettre de moi par un exprès.

Agathe, etc.

Voilà qui est bien heureux, s'écrie Adalbert! le sort m'a servi là au gré de mes vœux, qui se trouvent comblés au moment où je m'y attendais le moins!... Mais est-il bien sûr que Rynneval soit tué? S'il l'est, on ne pourra peut-être pas découvrir son adversaire; mais, blessé seulement, il nommera Jules, et en effet... — Rynneval est mort, vous dis-je. Au reçu de la lettre d'Agathe, j'ai été rôder dans la rue où demeure le père de Rynneval; j'y ai vu rapporter le fils sans vie. Son domestique a dit qu'il était allé, le matin, chez sa maîtresse. On a couru chez Saint-Elme, qui, heureusement pour elle, était déjà partie; la, un portier indiscret et qui connaît bien Jules, est convenu que celui-ci avait passé la nuit chez Saint-Elme; qu'il était sorti au petit jour avec Rynneval; que tous deux se disputaient, et qu'enfin un rendez-vous au bois de Boulogne avait frappé son oreille. Cette famille Rynneval est au désespoir, et certainement vous aurez bientôt de ses nouvelles. — Cela ne m'effraie pas; le principal est que mon jeune fou soit sauvé; mais où va-t-il? — C'est ce que nous saurons. Dennecy, coupable aussi de son côté, quoique d'une autre manière, gouverne l'ordre et la marche, c'est de quoi nous tranquilliser. — Ah, ce cher Jules! le voilà embarqué dans une jolie affaire! Ces Rymeval sont puissans, mais peu fortunés et très-intéressés. Il faudra que le papa Berny donne une forte somme d'argent. Sa propriété en sautera. Son fils... Ah, Dieu merci, ils seront tous au point où je les voulais pour obtenir, mais... mais, chut, ma langue! point d'indiscrétion... Qu'il vous suffise de savoir que leur malheur à tous me rendra heureux, bien heureux, et que j'ajouterai encore à la récompense que j'ai promise à tous ceux qui m'auront bien servi. — Je crois que vous n'avez pas lieu de vous plaindre d'Agathe, ni de moi? — Vous, Léonore, vous avez travaillé à merveilles! C'est cela! c'est bien cela, et Jules vous croit toujours la tante, très-respectable, de cette Agathe qui n'a jamais connu ses parens. C'est plaisant, n'est-ce pas ? — Très-plaisant !

Ces deux misérables rient aux larmes, pendant que leur victime est livrée à la plus sombre douleur, que toute sa famille va y être plongée à son tour, et cela par l'excès de leur scélératesse !

Adalbert continue : Ah çà, cette nouvelle affaire va me donner de l'embarras ; car il faut que je fasse l'oncle irrité, trompé par un mauvais sujet, etc. etc. Retirez-vous, Léonore ; on peut venir de chez les Rynneval ; j'ai un plan de conduite à me tracer, et il ne faut pas que personne vous surprenne ici : ayez soin de m'apporter exactement les lettres que vous recevrez de nos fuyards; avertissez même Agathe qu'elle peut m'écrire directement... Quelqu'un vient... Dieu! c'est le père Augely!...

Le père Augely recule d'étonnement en reconnaissant la Dervisse. Celle-ci, embarrassée, rougit, pâlit, fait des révérences, et se retire.

Quelle est cette femme que vous recevez chez vous, demande le père Augely à Adalbert? — C'est... la tante d'une jeune personne. — De celle peut-être que j'ai rencontrée, ce matin, avec Jules? —Vous avez rencontré Jules? — Oui; mais veuillez me répondre d'abord sur cette femme. Elle est parente de celle que Jules vient de nommer souvent Agathe devant moi? — Cela se pourrait bien... Je ne sais... mais revenons? — Ciel! à quelles viles créatures ce malheureux jeune homme est-il livré ! cette femme, qu'on nomme Léonore, je crois, servait, il y a quelques années, un de mes amis. Elle le vola, fut arrêtée, enfermée pour quelques mois, faute de preuves assez suffisantes... Elle sortit de sa prison, pour mener depuis la vie la plus scandaleuse, et sous différens noms. C'est une amie intime de cette même Détestor dont madame la marquise d'Arancourt m'a appris l'odieuse histoire... Et M. Adalbert voit une pareille femme ! et Jules fréquente sa nièce ! — Je ne sais, Monsieur, pourquoi vous prétendez que je vois cette femme ; que n'ajoutez-vous qu'elle est ma meilleure amie ? Je ne prendrai pas la peine de me justifier d'une telle inculpation. Je reviendrai à Jules, et je me permettrai de vous demander où, comment, à quelle heure vous l'avez rencontré ? — Avant tout, Monsieur, je me permettrai à mon tour de vous demander si c'est par votre ordre qu'il est sorti, ce matin, en chaise de poste, avec quatre personnes, que vous connaissez sans doute ?— Ce n'est point par mon ordre, Monsieur ; Jules a eu une mauvaise affaire ; Jules fuit, et vous m'en voyez aussi désespéré que vous. — Ah ! Jules aurait.... Jules fuit.... et quelle affaire ? — Un duel, à ce que l'on m'a dit. Tenez, mon père, voilà le billet que j'ai trouvé, ce matin, dans son appartement.

Le père Augely, saisi d'effroi, est tombé dans un fauteuil. Adalbert lui remet le billet de Jules, que le religieux lit rapidement. Il s'écrie ensuite : Grand Dieu ! que tes décrets sont impénétrables !

Adalbert prend la parole : Vous le voyez, mon père, j'ignorais ainsi que vous, cette nouvelle incartade : *Pardon*, m'écrit-il, *oncle respectable, que j'outrage, QUE J'OUTRAGE !*... Oh oui !... *mille fois pardon. Si j'avais suivi vos sages conseils !...* je ne lui en donnais en effet que de *très-sages ;* il n'avait ici que de bons exemples sous les yeux, et voilà comme cet inconséquent jeune homme... — Inconséquent, Monsieur ! dites coupable. Il l'avoue lui-même. — C'est vrai : *Je suis coupable*, ajoute-t-il. Oh, il l'est bien envers moi ! il outrage à-la-fois l'humanité, la nature et la reconnaissance. — Il s'est donc battu?

— Ce matin, au bois de Boulogne, et il a tué son adversaire. — Tué, ô mon Dieu !... Quelque dispute de café sans doute, quelque rencontre imprévue ? — Point du tout ; c'est un rival dont monsieur Jules s'est défait. Du moins, voilà ce que vient de m'apprendre cette femme que vous avez vue tout-à-l'heure, que je voyais moi-même pour la première fois, et qui apparemment est liée avec les maîtresses de Jules ; car il lui en fallait plusieurs, à ce qu'il paraît. — Des maîtresses, un duel, un homme de tué !... sait-on le nom de sa victime ? — On l'appelle Rynneval ; je connais sa famille qui est fière, puissante et vindicative. Son père et sa mère n'avaient que lui, ils en étaient fous ! — Pauvres parens ! eh ! ceux de Jules sont peut-être plus à plaindre encore ! que deviendront-ils à cette triste nouvelle ! Et vous, Monsieur, comment avez-vous pu souffrir ?.... — Il m'a trompé ; je crois qu'il est aisé de voir, par son billet, combien il a su abuser de ma confiance ! moi qui le croyais occupé de ses études, de ses travaux... ah ! combien il me fait de mal ! — Monsieur Adalbert ! oseriez-vous bien me regarder fixement ? — Comment, Monsieur ! — Ne verrais-je pas dans vos yeux qu'il y a un peu, beaucoup peut-être, de votre ouvrage dans tout ceci ? — Ce soupçon odieux... — Et me persuaderaient-ils, ces yeux où je sais lire, que vous êtes véritablement bien affligé de la conduite de Jules ? — Une telle injure !... — Dites une vérité, et vous m'entendez assez....

— Si la religion ne m'apprenait à souffrir... — Laissons-là la religion, que vous outragez en osant la réclamer. Cette explication.... je la remets à un autre moment. Celui-ci est trop cruel pour permettre d'autres réflexions que celles que doivent dicter la prudence et le zèle de l'amitié. Je ne m'étonne plus du trouble violent de ce coupable Jules, ce matin. Si je l'avais su, si j'avais pu deviner... — Mon père, j'ai à cœur que vous me rendiez votre estime, et c'est ce qui me fait pardonner à vos soupçons injurieux. Encore une fois, relisez le billet de Jules, et voyez... Mais quel bruit?

On entend en effet un bruit très-violent et les pas de plusieurs personnes qui marchent dans la maison.

Faustin accourt pâle, hors de lui : Monsieur, dit-il à son maître, voilà un commissaire, des archers, toute la justice. — Je m'en doutais ; nous devions nous y attendre. Cette famille Rynneval ne laissera pas impunie la mort d'un fils chéri... Laisse entrer, Faustin, laisse entrer. O mon Dieu, que de tourmens !

Les officiers de justice viennent demander à Adalbert qu'on leur représente Jules Berny. Adalbert répond qu'il est en fuite, et en donne, pour preuve, le billet qu'il a laissé. Ce billet ne satisfait point les officiers ; ils font une exacte perquisition par-tout, et se retirent après avoir dressé procès-verbal de l'inutilité de leurs recherches. Quand ils sont partis, Adalbert s'écrie : Eh bien, mon père, ce malheureux jeune homme s'est-il mis dans un assez grand embarras ! — C'est affreux ! Mais où est-il ? — Nous le saurons ; il m'écrira sans doute, et je vous apprendrai en quel lieu il se sera retiré. En attendant, il faut que je courre pour lui. J'ai des amis, du crédit, et j'ose dire, l'estime générale. Je vais sortir, mettre toutes mes protections en campagne. Il faut le tirer de là, il le faut ; mais après., je le renvoie à son père, et je ne conserve de lui que le regret de l'avoir pris chez moi. — Le tirer de là, dites-vous, et comment ? — Ah, il faudra peut-être de l'argent, beaucoup d'argent. Le père se saignera. — Le père, Monsieur, eh ! ce coup va le tuer, sur-tout dans l'état déplorable où il est déjà ? —

Cachons-lui ce malheur tant que nous le pourrons, et agissons. — Mais peut-on le lui cacher longtems. Cette mère qui redemande son fils, qui soupire après son retour, qui m'écrit pour que je le lui ramène; ah ! quel événement, quel affreux événement ! — Croyez qu'au moins je partage.... —Laissez-moi, Monsieur; vous saurez ma pensée sur tout cela. Je sors, je sors désespéré ; mais tremblez de me revoir plus calme, plus en état de raisonner. Je déchirerai alors le voile dont vous cherchez à vous envelopper, et je vous ferai voir que les plus secrets replis de votre cœur me sont connus.

Le père Augely sort en lançant un regard d'indignation à l'hypocrite, qui reste un peu troublé.

IX.

Elle viendra sans doute à notre secours, cette providence auguste, qui semble quelquefois seconder les méchans, mais pour mieux faire ressortir ensuite la protection qu'elle accorde toujours aux bons.

Pour que mon lecteur puisse suivre la marche des événemens qui vont se succéder avec rapidité, je crois ne pouvoir mieux faire que de mettre pour un moment, sous ses yeux, la correspondance qui s'établit entre mes divers personnages, de la manière suivante.

D'abord, le père Augely, rentré chez lui, écrit à madame Berny.

« Pleurez, malheureuse mère; vous n'avez plus de fils; Jules est à jamais indigne de vous !... J'aurais voulu ne pas augmenter votre affliction, assez grande déjà par les maux que vous voyez souffrir à votre époux, et par les fatigues que vous cause sa maladie; mais ce qui vient de se passer est trop grave pour que je vous le cache. Songez seulement que cette lettre est pour vous seule, et que, dans l'état douloureux où se trouve Berny, vous lui porteriez le coup de la mort, si vous la lui lisiez. Rassemblez donc vos forces, votre fermeté, tout votre courage, et suivez-moi avec attention.

« Vous vous rappelez quelle vive opposition j'apportai à ce que vous et votre mari vous vous privassiez de votre fils pour le confier à l'homme que je regardais alors, que je regarde encore aujourd'hui comme son plus mortel ennemi. Je connaissais Adalbert ; je savais qu'il avait des intérêts directement opposés à ceux de Jules... Ceci n'est pas clair ; mais ce n'en est pas moins l'exacte vérité, quoiqu'il me soit défendu de m'expliquer plus librement. Qu'il vous suffise de savoir qu'Adalbert a de fortes raisons pour être, je le répète ce mot terrible, SON PLUS MORTEL ENNEMI !.... Je me suis expliqué sur son compte avec franchise, et autant qu'il m'était permis de le faire. J'ai voulu vous inspirer de justes terreurs ; vous et Berny, Berny sur-tout, vous les avez jugées vaines, exagérées. Il m'était défendu d'en dire davantage; le devoir le plus sacré me le défend même plus encore aujourd'hui qu'à cette époque... enfin, malgré moi, malgré... tout le monde, Jules fut livré à cet Adalbert, et dès-lors je prévis tout ce qui est arrivé.

« Qu'a-t-il fait, ce misérable Adalbert ? D'abord il a su capter la confiance, l'amitié du jeune homme; puis, par une complaisance coupable, il l'a laissé se livrer à tous les torts de son âge, je dirai plus, à des vices réels. Qui sait s'il ne l'a pas poussé lui-même dans ces vices honteux, et par le relâchement d'une morale corruptrice, et par des liaisons formées par lui ou chez lui ! C'est chez lui que Jules a connu cette baronne Détestor, premier auteur de ses fautes. C'est lui, je viens de m'en informer, qui a fait connaître à Jules une certaine Agathe et sa prétendue tante, la femme la plus vile de la terre. C'est Adalbert qui, bien loin de veiller sur les études de Jules, l'a entraîné dans un cercle de plaisirs et de dissipation continuels. Je ne puis deviner tous les piéges qu'Adalbert a tendus aux mœurs du jeune homme; mais je suis certain, je parierais l'impossible, qu'il lui en a suscité de toutes les manières.

« Hélas! l'imprudent Jules, il y est tombé; et aujourd'hui, je ne vois plus de moyens de l'en retirer.

« Apprenez, mère infortunée, que Jules, pour une rivalité de maîtresse, a tué en duel, ce matin, un jeune homme d'une très-bonne famille; que Jules, épouvanté à juste titre, a quitté la maison d'Adalbert, qu'il est en fuite, et qu'on ne sait où le trouver. Il a fait plus ; il est parti avec cette Agathe, pour laquelle sans doute il s'est battu, et qu'on dit, dans le quartier, prête à devenir mère, par sa coupable liaison avec votre fils. Une actrice, à ce que je crois, est mêlée là-dedans ; tel est le résultat des informations que j'ai prises dans la rue Saint-Hypolite où votre fils avait mis en chambre la fille Agathe. C'est un tissu d'horreurs, sans celles que j'ignore. Jules est absent, et c'est un bonheur pour lui ; car la justice s'en mêle, et une descente de police est venue faire toutes les perquisitions d'usage dans la maison d'Adalbert, à qui Jules a laissé un billet avant son départ... Ma tête est tellement troublée de ce que j'ai vu, de tout ce que j'ai appris, qu'il m'est impossible de mettre de l'ordre dans mes idées. Quelques mois de séjour chez un hypocrite, ont suffi, comme vous le voyez, pour changer votre fils au point d'en faire un parfait mauvais sujet; et c'est votre faiblesse, à vous, à mon ami, qui est cause de sa perte!...

« Ne me redemandez plus Jules, malheureuse Aura; il m'est impossible de vous le rendre, et si je vous le rendais, vous ne le reconnaîtriez plus.

« Je vous vois d'ici. Votre cœur est gonflé de douleur; des larmes inondent vos yeux, tombent sur ce papier qu'elles arrosent, et vous me blâmez d'avoir si mal préparé, si durement présenté la triste nouvelle que je devais vous apprendre. Bonne Aura, je partage vos maux; ils m'en causent, à moi, de bien cruels ! et, si je vous parais trop sévère sur le compte de Jules, c'est que vous ne soupçonnez pas, non, il vous est encore impossible de calculer toute l'étendue de l'intérêt que je prends à ce jeune homme !... Un jour, vous l'apprendrez, un jour vous me rendrez justice, et nous pleurerons ensemble sur la fatalité qui le poursuit, dont je voudrais en vain détourner les coups...

« Cet Adalbert est un composé de bassesse, de hauteur, de noirceur et d'hypocrisie qui révolte. Je le connais à fond ; il sait bien que je le connais, et il me flatte, et quelquefois, je l'avoue, il m'étourdit au point que je serais presque tenté de le croire sincère ; mais j'appelle mon jugement à mon secours, et je le vois tel qu'il est à travers le masque qu'il prend pour en imposer. Comment n'aurait-il pas fasciné les yeux de ce faible Jules : il en tromperait de plus expérimentés !...

« Je n'écoute plus Adalbert, je ne m'en fie plus à lui du soin d'obtenir des nouvelles de Jules. Je sais que quelques-uns de nos magistrats ont la bonté de m'estimer ; je cours implorer leur appui ; je découvrirai Jules : dès-lors je m'empare de lui, et je prends tous les moyens de le tirer de cette fâcheuse affaire, de le sauver de toutes les manières.

« Ne désespérons de rien, bonne Aura. Mettons tout notre espoir en la divine Providence. Elle viendra sans doute à notre secours, cette providence auguste, qui semble quelquefois seconder les méchans, mais pour mieux faire ressortir ensuite la protection qu'elle accorde toujours aux bons.

« Ma lettre se ressent du trouble où je suis plongé. Je la termine en vous assurant de l'inviolable attachement de votre meilleur ami.

Le père Augely. »

Lettre d'Agathe à M. de Faskilan.

De Fontainebleau, ce 22 août.

« Je vous écris à la hâte et à l'insu de Jules, qui commence cependant à se consoler un peu. Il était vraiment mort quand nous l'avons jeté hier dans la voiture où nous attendaient Dennecy, Saint-Elme et sa femme-de-chambre. C'est que la rencontre que nous avions faite du père Augely... Mais vous savez sans doute tout cela. Ce père Augely, dont l'aspect seul, je l'avoue, me fit trembler, n'aura pas manqué de se rendre chez vous, où j'avais promis de lui ramener Jules ; mais c'est au rendez-vous que je voulais pousser notre jeune homme, et j'y ai réussi. Quelques cris de ce vieux radoteur l'avaient désespéré au point qu'il se débattait dans la chaise de poste, et voulait presque s'arracher de nos bras. Nous sommes partis enfin. Il a fallu tous nos efforts, toute notre adresse pour calmer sa vive douleur. Il pensait à son père, malade, presque mourant ; à vous qu'il croit avoir grièvement offensé. Il a été jusqu'à nous injurier. Dennecy, qui n'est pas au courant de nos projets, a pris la chose au sérieux. Il s'est fâché contre son ami ; il lui a avoué alors que, pour lui, pour le servir uniquement, le suivre par-tout et le consoler, il avait commis la plus grave des infidélités. Nouveau désespoir, nouvelles terreurs de Jules, qu'il a fallu calmer, ce dont nous sommes encore venus à bout.

« Saint-Elme est fine, je ne suis pas gauche, Dennecy connaît l'art de lever tous les scrupules ; notre morale à tous a produit son effet. Jules a senti enfin qu'il lui était impossible, ainsi qu'à son ami, de rester à Paris, et ma foi, je crois qu'il a pris son parti. Il est triste toujours, mais plus tranquille, et ne nous parle plus que de vous. En vérité, ce malheureux jeune homme vous est tellement attaché, que je suis tentée quelquefois de vous accuser de barbarie dans la conduite que vous tenez envers lui ; mais c'est votre affaire, c'est votre secret, et notre intérêt est de vous seconder, ce que nous faisons à merveilles, n'est-il pas vrai ?

« Nous voyageons ; mais je crois que nous ne savons pas bien où nous allons ; c'est Dennecy qui règle la marche, et nous n'avons pas trouvé le tems encore de lui demander quels sont ses projets. Je crois qu'il veut nous emmener du côté de son père, dans la Provence toujours. Il parle d'un ami qu'il a aux environs d'Avignon, qui nous cacherait tous fort commodément dans sa vaste habitation. Si nous n'y étions pas en sûreté, ajoute-t-il, nous passerions dans l'étranger. Cela ne ferait pas du tout mon compte, à moi. Je n'ai nulle envie de m'expatrier; et, comme je ne suis pour rien dans les mauvaises affaires que ces Messieurs ont faites, je ne vois pas pourquoi je quitterais à jamais Paris, Paris dont je raffolle, et qui m'offre tant de ressources. Je verrai, je me déciderai suivant les circonstances. Je crois que mon rôle est fini? Qu'ai-je besoin de rester encore avec Jules, de l'accompagner par-tout comme son ombre! Je lui ai fait accroire qu'il allait me rendre mère; il le fallait pour l'amener au point où il est; mais je ne vois plus la nécessité de continuer ce personnage auprès de lui. Au surplus, j'attendrai encore vos instructions à ce sujet.

« Un homme sûr, qui part à l'instant pour Paris, et à cheval, se charge de vous remettre ce billet ; vous pouvez nous écrire, du moins écrire à moi seule, à Montélimart, o nousserons sans doute dans trois ou quatre jours. J'y connais quelqu'un chez qui nous pourrons passer le reste de la semaine.

« J'allais fermer ce billet ; mais je le rouvre pour vous dire que Jules vous ecrit. J'ignore ce qu'il vous mande. Si vous lui répondez, que ce soit aussi à Montélimart. Vous m'obligerez bien, je vous le répète, mon cher Adalbert, si vous pouvez me retirer de tout cela. Je suis fatiguée, ennuyée, excédée de mon rôle, où je vois d'ailleurs que je n'ai plus rien à faire. Tout à vous.

Agathe, etc. »

Jules a M. de Faskilan.

« Que dites-vous, homme respectable, que pensez vous maintenant de Jules ! de ce Jules, à qui vous aviez donné toute votre confiance, et qui en a si cruellement abusé !... Vous m'accusez ! eh, je suis coupable en effet ; mais c'est le sort, la fatalité qui m'a poussé dans l'abyme où je suis tombé. J'ignorais... pardon si j'entre dans ces détails, j'ignorais que j'eusse un rival aussi violent. Il me provoqua ; il osa me traiter de lâche.... indigné, étourdi, je le suivis, et vous savez sans doute le reste ; car sa famille n'aura pas manqué d'exercer déjà des poursuites contre moi. Cet événement est cependant très ordinaire ; je ne suis pas le seul à qui il soit arrivé ; mais je suis le seul peut-être qui aie manqué à la reconnaissance en formant, à l'insçu de mon oncle, des liaisons dangereuses qui m'ont conduit-là.

« Que dis-je ! j'y suis encore lié dans ces sociétés corrompues. C'est avec deux femmes et un ami coupable que je fuis, que je vis maintenant. Je les méprise, je les abhorre, et je n'ai pas la force de m'en séparer. L'une des deux femmes est cette Agathe qui porte en son sein un fruit de notre union ; l'autre, oserai-je le dire, est une véritable courtisane. L'ami enfin est le même Dennecy, que vous estimiez, mais qui s'est à jamais rendu indigne de votre estime et de la mienne. Il dit que c'est pour moi qu'il a commis le crime le plus bas... Si cela est, je suis doublement coupable, et je devrais le plaindre au lieu de le blâmer ; mais il est, heureusement pour moi, il est encore dans mon cœur un sentiment de délicatesse qui me force à rougir d'être lié avec de pareilles gens ! Que ne pouvez-vous guider mes pas incertains, me donner le courage de quitter les vils compagnons d'un voyage forcé !... Vous voyez assez que votre neveu n'a pas tout-à-fait perdu l'honneur, ni la raison. Il est pourtant certain que ma pauvre tête... elle n'est plus à moi...Quand je fais un retour sur moi-même, combien je me parais vil et méprisable ! J'ai abusé de votre confiance, ô le plus vertueux de tous les hommes! j'ai fait à jamais le malheur de mon père, de ma respectable mère, et de cette si chère autrefois Al... J'allais écrire son nom; j'allais le souiller en le prononçant, en le traçant sur ce papier confident de mes fautes, de mes remords!... Non, je suis à jamais indigne d'elle. Sans être époux, j'ai contracté d'autres nœuds; sans être époux, je vais devenir père!... et je commence à m'apercevoir que l'objet qui m'a rendu parjure envers tous les sermens, cette jeune beauté que j'adorais, que j'aime encore, cette Agathe enfin, n'est nullement digne de moi. Oh! si je vous communiquais là-dessus toutes mes remarques!.... mais sa tante fut votre amie ; vous fûtes aveugle vous-même sur le compte d'Agathe, et nous la vîmes tous deux, vous avec les yeux de l'amitié, moi avec ceux de l'amour !...

« Quant à cette Saint-Elme ! oh ! quelle femme méprisable !... mener ensemble trois intrigues de front !... Je suis pourtant livré à tous ces êtres immoraux ; ils me mènent je ne sais où, où ils veulent ; à Montélimart, je crois. Ont-ils l'intention de me rapprocher du toit paternel, que je ne reverrai jamais, non, jamais.

« J'écris à ma mère ; mais c'est pour lui avouer mes fautes, et pour lui apprendre mon exil volontaire, éternel !

« O Adalbert, ô mon oncle, ô mon ami ! ne me plaignez pas ; je suis coupable ; je dois vous être en horreur à tous !

Jules Berny. »

Jules à madame Berny.

« Connaissez-vous mes crimes, ma mère ! vous a-t-on appris que je suis infidèle à l'amour, ingrat envers la nature et l'amitié, barbare, assassin enfin, oui, homicide du moins, et le plus coupable de tous les hommes !... Voilà ce que Jules est devenu en moins de six mois qu'il a passés loin de vous ! et cela par son propre penchant, par des vices honteux qui, apparemment, étaient dans son cœur, que vous n'y aviez pas remarqués, et que lui-même, hélas ! était bien loin de se soupçonner !...

N'accusez de rien mon oncle Adalbert ? cet homme vertueux, dont j'ai méprisé les sages conseils : je l'ai trompé le premier. J'ai déshonoré la nièce de madame Dervisse, sa meilleure amie ; elle porte, cette chère Agathe, elle porte en son sein un fruit de notre union coupable. J'ai fait plus ; je me suis livré à une autre femme, perdue de mœurs comme de réputation ; j'ai tué son amant, et me voilà en fuite, errant, proscrit, dans la société d'un vil escroc, avec ces mêmes femmes qui toutes deux, et par des moyens contraires sans doute, m'ont perdu à jamais!...

« Reconnaissez-vous maintenant votre fils !...

« On prétend qu'une forte somme calmerait les parens de ma victime ;

mais, cette somme, elle vous ruinerait. Il vaut mieux que j'échappe à leur vengeance; il vaut mieux que je m'expatrie, que je mette entre eux, moi, et vous que j'ai outragée, l'immensité des mers. Tel est mon projet, et je l'exécuterai.

« Je ne vous parlerai point de mon père, de ma... cousine, de tous ceux qui m'aimaient; j'ai mérité leur mépris, leur haine; j'ai mérité cette funeste malédiction dont mon aïeul frappa mon père, dont ce respectable père éprouve les effets par son malheureux fils.... je porte le coup de la mort dans son cœur sensible, dans le vôtre, je le sais; mais rien ne peut me soustraire à la fatalité qui me poursuit, qui nous accable tous!

« Adieu, adieu pour toujours, ô

ma tendre mère! vous n'entendrez plus, jamais, parler du coupable

JULES BERNY. »

AMÉDÉE DENNECY A M. ADALBERT DE FASKILAN.

« Vous savez sans doute mon crime, Monsieur, et déjà vous m'accablez de tout le poids de votre juste indignation. Un moment? daignez m'entendre, et veuillez me prêter votre appui secourable!

« Depuis long-tems j'avais l'imprudence de puiser dans la caisse de M. Dupont; mais était-ce pour moi seul? Vous le savez; j'aimais Jules comme on aime un frère, et c'est lui qui m'a plongé dans l'abyme où je me trouve. Vous eûtes la bonté, il y a quelque tems, de me rembourser cent louis que j'avais avancés à Jules; et vous me fîtes entendre même que vous pourriez avoir la même complaisance une autre fois. Ce moment est arrivé. Sur les quinze mille francs que je dois aujourd'hui à mon banquier, Jules m'en est redevable de six mille, qu'il a dépensés avec ses maîtresses (car vous savez tout.) Ami bon, généreux, sensible, ne m'abandonnez pas? donnez-vous la peine de passer chez M. Dupont, qui doit être, à juste titre, furieux contre moi. Ayez l'extrême bonté de lui rembourser d'abord ces six mille francs qui le calmeront sans doute un peu; puis un mot de vous à mon père?...Votre appui auprès de ce vieillard? vous m'entendez? Il est riche; il peut, sans se gêner, couvrir cette faute, et sur-tout éviter l'éclat qui le déshonorerait autant que moi !

« Pardon si j'ajoute ces nouveaux embarras à ceux que vous cause Jules en ce moment; mais il est pressant, cet affreux moment ! notre chaise a versé, s'est brisée aux portes de Montargis; nous sommes tous maintenant cachés dans un des faubourgs de cette ville, et depuis deux jours, non-seulement notre voiture n'est point raccommodée, mais nous n'avons pu en trouver une autre assez sûre pour protéger notre fuite. Jugez quelle avance sur nous ce retard peut donner aux gens qui nous poursuivent sans doute !... Je suis perdu, si vous me refusez de faire cette démarche envers mon banquier. Je suis si troublé que je tremble au moindre bruit que j'entends, croyant toujours voir des archers prêts à m'arrêter!... Monsieur! c'est pour votre neveu que je suis dans ce cruel embarras! aurez-vous l'humanité de faire, pour lui, pour moi, ce que vous avez fait dans un tems bien moins orageux que celui-ci!... J'attends votre réponse, poste restante à Briare, et elle me sera favorable, si, au reçu de cette lettre, vous voulez bien vous transporter de suite chez M. Dupont.

Agréez mon respect.

AMÉDÉE DENNECY. »

BILLET D'ADALBERT A DENNECY.

« Je suis bien étonné, Monsieur, qu'un libertin tel que vous, qui avez corrompu mon neveu, ose s'adresser à moi pour me prier de réparer ses sottises ! Vous avez perdu Jules ; moi, ses parens, nous vous devons notre malheur, nos regrets éternels, et vous me priez de vous être utile !.. N'attendez de moi aucun service, et ne comptez désormais que sur mon mépris le plus profond.

« Tout ce que je puis faire pour vous, c'est de supplier l'Être de miséricordes qu'il daigne vous retirer du sentier du vice, dessiller vos yeux, et vous rendre moins criminel à un malheureux père dont vous allez faire la honte et le désespoir !...

ADALBERT DE FASKILAN. »

Adalbert a Jules.

« C'est, Monsieur, dans le trouble, dans la douleur, dans les regrets les plus cuisans que j'ai décacheté votre lettre, à laquelle je ne voulais pas d'abord faire de réponse; et vous n'en auriez pas reçu de moi, si je n'avais vu, dans cette lettre, une couleur de repentir, quelques accens de remords qui, je l'avoue, m'ont touché.... Je ne vous ferai point de reproches; vous connaissez vos fautes; elles sont impardonnables ! Eh quoi ! égorger de sang-froid un homme qui ne vous avait rien fait qu'un reproche mérité sur votre liaison avec la vile créature chez qui il vous trouvait !... Ah ! c'est un crime atroce aux yeux de Dieu qui punit l'homicide, et des hommes qui sont intéressés à venger la société d'un pareil forfait!... Je ne vous parle pas de vos torts envers moi. Il y a long-tems que vous vous êtes mis au-dessus de mon estime et de mon indulgente amitié !... Mais affliger à ce point votre père qui se meurt, qui peut-être n'existe plus à-présent ! désespérer une tendre mère, toute votre famille ! vous mettre dans le cas de ne la revoir jamais; car oserez-vous maintenant paraître devant vos vertueux parens !... et moi, m'avez-vous mis dans le cas de m'offrir à leurs regards, de leur prouver que j'ai justifié leur confiance !... Oh mon Dieu !... quels maux ce jeune insensé me fait souffrir ! daigne les recevoir en expiation de mes fautes !...

« Eh bien, malgré mon juste ressentiment, je travaille pourtant pour vous, ingrat jeune homme !

« Pressé par le tems, je ne puis que vous écrire encore quelques lignes. J'ai vu les Rynneval! ils sont pleins du desir de venger la mort de leur fils. Prenez garde à vous ? Sur toutes les routes la maréchaussée a votre signalement, et l'ordre de vous arrêter... Ces Rynneval sont très-intéressés, je le savais ; je leur ai proposé un arrangement pécuniaire, duquel ils n'ont pas paru trop s'éloigner. Je crois qu'avec une somme de cinquante à soixante mille francs, bien comptée dans leurs mains, ils abandonneraient leurs poursuites. J'en ai écrit à votre mère, et j'attends sa réponse. Sans doute il faudra que Berny vende son Paradis, fonde des propriétés ; mais, dans un cas pareil, il faut s'exécuter... Voyez, Jules, voyez à quelles extrémités vous réduisez les respectables auteurs de vos jours ! Berny en mourra de douleur, et vous aurez, toute votre vie, à vous reprocher la mort de votre père !...

« Vous êtes peut-être surpris que je vous fasse parvenir cette lettre à Montélimart, vu que vous ne m'avez indiqué aucune adresse pour vous répondre. Agathe a écrit à sa tante, et c'est par madame Dervisse que j'ai su la route que vous tenez, ainsi que l'endroit où je pouvais vous adresser mes conseils.

« Ecrivez à vos parens, Jules, et joignez-vous à moi pour les supplier de faire sur-le-champ une somme assez forte pour qu'on puisse l'offrir aux Rynneval.

ADALBERT DE FASKILAN. »

ADALBERT A AGATHE.

Ce 30 août.

« Toutes vos lettres me sont parvenues, Agathe; et si vous n'en avez pas reçu de moi depuis votre départ, c'est que je ne voulais vous écrire que lorsque j'aurais quelque chose à vous apprendre, ou à vous recommander. Vous êtes encore à Montélimart où l'accident arrivé à votre chaise vous a tous fait arriver plus tard que vous ne l'espériez, et c'est là, à la campagne de M. Palzi, votre ancien amant, où vous êtes cachée, que je vous adresse cette réponse, que vous vous garderez bien de montrer aux compagnons de votre fuite, encore moins à Jules. Mais le tems presse, entrons en matière.

« Vous avez raison de vous dégoûter du rôle que vous jouez; il est tems qu'il finisse, et je n'exige pas que vous le prolongiez davantage; vous pouvez revenir à Paris, mais à une condition; c'est que vous me rendrez un dernier service à la récompense duquel je ne mets pas de bornes. Suivez-moi avec attention.

« Voulant avoir l'air, aux yeux du public et des parens de Jules, de faire des démarches pour ce jeune homme, j'ai vu monsieur et madame Rynneval. Ces ames basses et viles, qui ne sont pas aussi affectées qu'elles le paraissent de la mort de leur mauvais sujet de fils, consentent à se désister de leurs poursuites pour une somme de cinquante mille fr. Le père Augely, qui les a vus aussi et qui sait cela, a écrit cette nouvelle à Berny. J'ai été obligé d'en faire autant de mon côté ; mais le père Augely, ni moi, nous n'avons reçu de réponse.

« Quelle que soit cette réponse, elle viendra, et je ne doute pas que le papa Berny et sa femme ne fassent tous les sacrifices pour retirer leur Jules chéri de ce mauvais pas. Ils crieront d'abord, pleureront ensuite, se ruineront, puis pardonneront, et tout rentrera dans le premier ordre... Ce n'est pas là mon compte. La nature de mes projets et du bonheur inouï que leur réussite doit me procurer, exige que les choses aillent plus loin que cela. Il me faut de l'éclat, du bruit, et le déshonneur complet de la famille Berny... Cela vous paraît étrange, cela est pourtant.

« Pour arriver à ce but, voici ce que j'ai fait, et ce que j'exige de vous. Vous feindrez d'être malade, d'avoir besoin de vous aliter, afin d'empêcher vos jeunes gens de se remettre en route ; vous les retiendrez le plus long-tems possible chez votre italien Palzi, qui (je connais le degré juste de sa probité) vous secondera à merveilles en cas que vous ayez besoin de le mettre dans votre confidence. Cela vous donnera le tems d'effectuer mom dessein ; car, afin que vous sachiez pourquoi vous devez vous conduire ainsi, je vous apprendrai que j'ai l'intention de faire arrêter Jules.

« Un inspecteur de police, qui m'est dévoué, a déjà fait partir ses surveillans, les gens nécessaires pour cela, sous le prétexte de servir le ministère public qui doit venger le jeune Rynneval. Cet inspecteur s'est lui-même mis en route, avec une lettre de moi qu'il vous remettra; soudain, vous lui livrerez Jules, qu'on m'amènera, ici, dans une bonne prison!... et morbleu, après cela, nous verrons!

« N'allez pas vous aviser d'avoir des scrupules, Agathe; cela serait nouveau et très-ridicule, en vérité. D'ailleurs, quinze mille francs que j'ajouterai aux vingt mille que j'ai promis de vous compter à la fin de votre rôle, auront assez de poids sans doute pour endurcir votre cœur sur cet acte de sévérité qui m'est nécessaire. Entendez-vous que le tout fera trente-cinq mille francs, et peut-être plus selon votre zèle, que vous gagnerez à cela, si vous m'êtes fidèle !.... Allons, agissez, c'est le dénouement pour vous; du secret sur-tout, et brûlez cette lettre après l'avoir lue; il faut que mon jeune homme se croie arrêté par l'ordre seul des Rynneval.

« J'attends mon captif, et je mets à part la somme que je vous destine. Célérité, prudence et discrétion.

ADALBERT DE FASKILAN. »

P. S. « Au moment où je ferme cette lettre, on m'annonce une visite à coup sûr très-surprenante; c'est celle de M. Dabin, grand oncle de Jules, qu'on m'a apparemment dépêché à Paris. Il est là qui fait un bruit du diable dans l'antichambre, où il me crie de lui ouvrir mon cabinet. Je m'attends à des reproches, à une scène vive; mais je connais M. Pierre Dabin, il ne m'en imposera pas, et je sais la manière de le prendre. Adieu, il est neuf heures du matin; j'envoie sur-le-champ ce paquet à la poste. »

X.

O malédiction paternelle, vous voilà enfin accomplie !...

A l'instant même en effet où le perfide Adalbert écrivait la lettre abominable qu'on vient de lire, à sa complice qu'il chargeait de faire arrêter Jules dont il avait donné la trace à la police, l'oncle Dabin s'était présenté à sa porte, où il avait été reçu par Rosalie en l'absence de Faustin : Monsieur de Faskilan est-il chez lui, s'était écrié M. Dabin d'un ton brusque ? — Oui, Monsieur ; mais il écrit, je ne sais s'il peut recevoir... — Qu'il reçoive ou non, je m'installe dans la maison, et, par saint Jacques, je n'en sors pas que je ne lui aie parlé.—Votre nom, s'il vous plaît? — Vous lui direz que c'est le capitaine Dabin; il saura bien pourquoi je viens.

Rosalie entre chez Adalbert et fait sa commission. Adalbert, pour finir sa lettre, fait prier M. Dabin d'attendre un moment, et, pendant ce tems, le bon oncle jure et sacre à faire trembler. C'est donc ici, crie-t-il tout haut, voilà donc la maison de corruption où mon neveu a perdu son innocence, ses mœurs! Ah, corbleu, je vais lui en dire de belles à cet ami prétendu qui nous l'a enlevé pour en faire un si mauvais sujet. Apprêtez-vous, le monsieur de Faskilan, attendez-vous à en entendre de toutes les façons, de la part d'un oncle, d'une famille que vous avez réduite au désespoir. Ah, ah, mon petit monsieur! le père Augely avait tort, le bon Asselino avait tort, tout le monde vous en voulait, tout le monde vous calomniait!.. C'est que tout le monde prévoyait que vous gâteriez ce morveux au point de lui laisser ou de lui faire faire toutes les folies qui l'ont perdu. Nous allons voir beau jeu; tenez-vous bien!

C'est ainsi que parlait à haute voix l'oncle Dabin, et tout seul; car Rosalie était descendue, lorsqu'il vit s'ouvrir une porte, et Adalbert s'avancer vers lui de l'air le plus affable. Calmez-vous, lui dit en souriant Adalbert, calmez-vous, de grace, M. Dabin; je vous entends de là-dedans, et je vous avoue que vos exclamations ne sont pas très-flatteuses pour moi. — Qu'appelez-vous flatteuses ? oh, je ne vous flatterai pas, Monsieur; je vous dirai bonnement ce que j'ai sur le cœur contre vous, et cela sera long ; car je suis gonflé d'indignation.

Adalbert lui tend la main, et continue d'un air un peu plus sérieux : Eh bien, allons, entrez dans mon cabinet; vous parlerez; vous vous expliquerez, et vous me permettrez à mon tour de me défendre; car si vous parlez toujours !.... Je connais la violence de votre caractère...—Cette violence est à l'excès, je vous en avertis. — Oh, nous la modérerons ; asseyez-vous d'abord. — Je suis très-bien debout.—Parlez debout, si vous le voulez; mais, avant tout, veuillez me donner des nouvelles de monsieur et de madame Berny, de qui j'attends en vain une réponse aux.... — Leur réponse, je viens vous l'apporter moi-même ; c'est moi qu'ils en ont chargée, et je dois vous demander en même tems ce que vous avez fait de leur fils. — De leur fils, Monsieur ? (*il sourit avec amertume*) était-il d'un âge à être conduit à la lisière ? devais-je en faire mon ombre ? — Il n'est question ni d'ombre, ni de lisière ; vous aviez répondu de ses mœurs ; que sont-elles devenues, dites ? — J'en suis autant affligé que vous, il m'a trompé. — Vous l'avez arraché, enlevé, pour ainsi dire, à sa famille, et vous en avez fait le plus coupable des hommes. — Un moment, expliquons-nous : Ces expressions *vous avez fait ceci, vous avez fait cela*, sont d'abord très-deplacées, et je ne souffrirai pas... — Qu'est-ce que c'est, Monsieur; prétendez-vous me donner une leçon? — On en a besoin à tout âge.... — Vous plus que tout autre, et (*il met la main sur la garde de son épée*) si vous voulez sortir?... — Comment, sortir? — Vous verrez qu'on n'insulte pas impunément un vieux dragon de Dauphin.

Adalbert sourit encore, s'asseoit, et regardant l'oncle Dabin qui reste debout dans l'attitude d'un homme qui tire son épée, il lui dit : Je vois, monsieur Dabin, qu'il faut que j'oppose un très-grand phelgme à la vivacité de votre tête qui est toujours jeune ; allons (*il rit plus fort*) convenez qu'elle est toujours jeune, votre tête?

L'oncle répond en remettant dans son fourreau un pouce de lame qu'il en a tirée : Ma tête.... ma tête est celle d'un militaire, et d'un militaire français, c'est dire plein d'honneur. — Oh, pour de l'honneur, je vous en accorde plus que personne, et si le gouvernement vous estimait autant que je le fais, vos talens, vos nombreux services ne resteraient pas sans récompense.

L'adroit Adalbert mettait ainsi le bon oncle sur un point qui lui était fort sensible. Il ne manqua pas son effet : Apparemment, réplique brusquement M. Dabin, apparemment que les ministres, que j'ai sollicités cent fois, sont moins justes que Monsieur, que tous mes concitoyens; car il n'est personne qui ne rougisse de me voir dans l'inaction, à soixante-cinq ans, quand j'ai encore toute ma vigueur, tous mes moyens. Ah! ce sont des ingrats! je les verrai, je les verrai de nouveau pendant que je suis à Paris ; mais bah!.... revenons, s'il vous plaît à l'objet de ma visite. — Oui, revenons-y, et parlons doucement.

Adalbert, qui est assis, fait signe à M. Dabin d'en faire autant; l'oncle s'asseoit, et la conversation reprend sur le premier objet : Vous dites donc, monsieur Adalbert, que vous êtes aussi affligé que nous des sottises de ce monsieur Jules! — Si je le suis! eh, je n'aurai pas de peine à vous le prouver; il vous suffira de jeter les yeux sur sa correspondance avec moi. Tenez, voilà une lettre que j'ai reçue de lui quelques jours après sa fuite....Vous la voyez...vous la lisez avec attention...vous êtes convaincu enfin de la manière affreuse dont il a abusé de ma confiance , caché ses coupables amours...Il m'y traite d'homme respectable , d'homme vertueux. Il rend justice à mes principes, à mes mœurs, à ma probité... hein?.... eh bien?.... que pensez-vous de cette lettre? — Il ne dit pas où il est, d'où il écrit?—Hélas, non!—Vous ne savez donc pas quelle route il a prise, où on pourrait le trouver? — Je l'ignore ; ne vous a-t-il rien mandé , à vous, à sa mère?— Il a écrit à sa mère quelques lignes , mais en désespéré, en jurant qu'on n'entendrait jamais parler de lui.— L'ingrat ! avoir assez peu de confiance pour nous cacher à tous le lieu de sa retraite ! cela prouve bien à quel point il me redoute, puisqu'il m'enveloppe dans cet impénétrable mystère.—Tenez, monsieur Adalbert, vous n'êtes pas franc; je vois cela dans vos yeux.—Eh mais, quel motif aurais-je?—Je l'ignore. Cependant, ce n'est que dans le cercle de vos amis qu'il a trouvé ces êtres méprisables dont il parle, cette Agathe avec qui il fuit. — Fort bien, Monsieur. Est-ce parmi mes amis qu'il a choisi cette actrice, la Saint-Elme, pour laquelle il s'est battu, il a tué un homme! et pouvais-je empêcher toutes ces choses-là, puisque je les ignorais? — Par saint Jacques, la Détestor était votre bonne amie, j'espère; et *cette nuit délicieuse!*.... Ah, le maudit billet que j'ai trouvé, comme il m'a désabusé sur votre compte!— Vous revenez là-dessus? Quand je vous aurai expliqué tout cela, vous saurez mieux me rendre justice. — Avant toute explication (*il se lève*); il faut que je voie ces Rynneval, qui, dit-on, mettent la mort de leur fils à prix de cinquante mille francs. — Nous irons ensemble. — Quand j'aurai déjeûné, s'il vous plaît; et c'est la première chose que je vais faire au premier café. — Que parlez-vous de café? fi donc; je souffrirais que l'ami de mes amis prît quelque chose ailleurs que chez moi! Je vais vous faire servir d'excellens vins et un pâté aux truffes ; nous en mangerons ensemble; car je n'ai pas déjeûné non plus.

La proposition est tentante pour l'oncle Dabin; il répond faiblement un... non, Monsieur, je ne veux rien accepter de vous.

Adalbert feint de ne pas l'entendre; il sonne; il demande si Faustin est rentré. Faustin se présente, et reçoit l'ordre de préparer un déjeûner splendide. M. Dabin veut sortir; Adalbert le remet sur l'injustice du gouvernement, sur ses campagnes; l'oncle bavarde, bavarde, et se trouve à table sans s'en être douté.

On revient à l'affaire de Jules; l'oncle est plus doux; il boit, il mange, et boit encore coups sur coups. Adalbert lui réitère la question qu'il lui a faite sur la santé de monsieur, de madame Berny; et l'oncle, sans en perdre un coup de dent, lui fait enfin le récit suivant :

« Ne m'en parlez pas, mon cher Monsieur, ne m'en parlez pas, de ces infortunés! la tendre mère est au désespoir, et le malheureux père est prêt d'expirer. — D'expirer? — Peut-être n'existe-t-il plus à l'heure où je vous parle. — Berny, mon ami! ah ciel! quel coup! il me tue; mais parlez; quelle maladie?... — C'est ma pauvre nièce Aura qu'il faut plaindre dans tout cela! elle n'a peut-être plus d'époux, et déjà elle n'a plus de fils. — C'est réunir tous les malheurs ensemble. — Il y a long-tems que monsieur ou madame Berny serait venu ici, si la santé du mari eût été meilleure. Ils y auraient au moins envoyé Asselino; moi-même j'y serais accouru, tant nous étions tous inquiets de Jules; mais cela nous a été impossible.

Pendant que Berny éprouvait des maux affreux de poitrine, Aloyse a eu la petite vérole ; moi, je me suis fait à la chasse une blessure dont je ne suis pas encore bien rétabli. Vous sentez qu'Asselino et mademoiselle Prudence n'étaient pas de trop pour seconder madame Berny dans les soins qu'exigeaient tant de malades. Combien cependant la rareté, la sécheresse des lettres de Jules et les remarques effrayantes de celles du père Augely nous alarmaient ! L'aventure de la Détestor acheva de nous convaincre de la nécessité de rappeler Jules ; mais le retour de madame d'Arancourt nous tranquillisa un peu. Cette Dame nous peignit les remords de Jules ; elle nous fit votre éloge ; elle parut traiter de visions les terreurs du père Augely. Ma nièce était la moins rassurée ; mais Berny, qui est confiant à l'excès, et dont la maladie empirait d'ailleurs, crut que tout allait ici le mieux du monde, sauf la peccadille du jeune homme. Tout-à-coup l'état de Berny devient presque désespéré ; les crachemens de sang redoublent, les évanouissemens sont plus fréquens ; il est obligé de garder le lit, et les médecins nous font craindre pour ses jours. J'étais toujours retenu par ma maudite blessure ; ma nièce, inquiète assez déjà de son mari, s'allarme de nouveau sur son fils ; elle veut l'avoir ; elle veut qu'il reçoive au moins la bénédiction de son père à ses derniers momens, si son père doit succomber à ses maux.... Elle écrit au Mathurin Augely ; elle le supplie de lui ramener son fils ; elle ne doute pas que cet ami rare ne s'empresse de lui rendre ce service, et que vous ne vous y prêtiez dans une pareille circonstance. Au lieu de revoir son fils et le père Angely., elle reçoit une lettre de ce dernier... Quelle lettre !... Elle apprend les fredaines de monsieur son Benjamin ; jugez de sa douleur.... Mon oncle, me dit-elle, en me donnant à lire cette lettre foudroyante ; mon oncle, ne perdez pas de tems, volez à Paris ; courez, voyez, informez-vous de tout, et cachons ce triste événement à un père mourant !...

« Je n'étais pas en état de marcher. Je lui demandai quelques jours. Pendant ce tems nous reçûmes vos lettres, celles du père Augely, qui nous apprirent que, moyennant cinquante mille francs, on assoupirait l'affaire de Jules. Il était inutile de vous répondre, puisque j'allais partir pour Paris; mais, la veille de mon départ, le malheureux Berny eut la douleur d'apprendre tout ce que nous voulions lui cacher.

« Le père Augely avait écrit séparément à madame d'Arancourt. Cette dame indiscrète se présenta au moment où nous étions, ma nièce et moi, au chevet du lit de Berny, à qui nous prodiguions nos soins. Mes amis, dit-elle, mes bons amis, il vous faut cinquante mille francs pour calmer la vengeance des parens du jeune homme que Jules a tué pour une vile courtisane; j'ai justement la moitié de cette somme déposée chez un notaire, et je viens vous l'offrir. Que je vous plains, Aura, et vous, Berny! un homme de tué par Jules; Jules en fuite, sans qu'on sache où le trouver; une fille grosse de lui, et qui fuit avec cet insensé; oh! que de tourmens, que de tourmens à la fois!

« Il n'avait pas été possible d'arrêter la volubilité que l'élan d'un bon cœur donnait à madame d'Arancourt; et, dans sa courte exclamation, elle venait d'instruire de tout notre cher Berny, qui soulevant sa tête, s'écria : Qu'est-ce que c'est donc, Aura? qu'est-ce que l'on me dit là? — La vérité, répondit Aura, en versant un torrent de larmes. — Quoi, Jules!... ah! qu'on me raconte tout cela, je l'exige, je le veux, ou je meurs en vous accusant tous !...

« Madame Berny jeta la lettre du père Augely sur le lit du malade qui dit, après l'avoir lue, et avec l'accent le plus douloureux : Oh ! malédiction paternelle ! vous voilà enfin accomplie !... Je n'y survivrai pas !...

« L'infortuné Berny tomba soudain dans un délire effrayant. Madame d'Arancourt nous fit mille excuses de son imprudence, dont elle s'aperçut; mais il n'était plus tems de la réparer !

Berny passa ainsi la nuit, et sa femme veilla auprès de lui jusqu'au moment de mon départ. Voilà l'état dans lequel j'ai laissé une malheureuse famille, dont un fils coupable fait à jamais le malheur. »

L'oncle Dabin cessa de parler pour ne plus s'occuper que du déjeûner, auquel il fit honneur. Adalbert sut se le gagner avec adresse, et, à la fin de ce repas, il eut l'art de se faire presque un ami d'un homme qui, une heure avant, lui proposait un cartel.

Ils allèrent ensemble chez les Rymeval, où M. Dabin pensa se fâcher, en voyant le sordide intérêt qui dominait ces gens peu délicats. Il en sortit un peu tranquille, ayant obtenu du tems, et la promesse de ne point faire poursuivre Jules avant d'avoir obtenu une réponse définitive de la famille Berny.

Adalbert voulait que M. Dabin quittât l'hôtel garni où il était descendu, pour venir demeurer chez lui; mais le capitaine, ainsi qu'il se qualifiait lui-même, avait pu modérer l'excès de sa colère, sans cesser de mésestimer Adalbert. Il le refusa net, n'ayant d'ailleurs que deux ou trois jours à rester à Paris, et voulant retourner le plutôt possible auprès de son neveu, de qui il était fort inquiet.

On se doute bien que l'oncle Dabin employa la journée du lendemain en démarches, encore et toujours inutiles, auprès des Ministres, qu'il fatiguait depuis long-tems de ses demandes et de ses prétentions. C'était sa manie; il fallait que, toute sa vie, il criât à l'ingratitude; et quelque importante que fût l'affaire de Jules, qui seule l'amenait à Paris; il n'eût point quitté cette capitale sans essayer de nouvelles.

sollicitations, qui ne lui réussirent pas plus que les premières.

Ce ne fut que le jour d'après, la veille de son départ, qu'il alla voir le père Augely. Le père Augely avait pour ce vieillard une véritable estime ; mais il ne trouvait pas son jugement ni son caractère assez solides pour causer long-tems avec lui de choses sérieuses.

Le père Augely était occupé à faire des paquets de ses effets. Pourquoi ces préparatifs, mon père, lui demanda M. Dabin ? Retournez-vous en Provence ? nous ferons ce voyage ensemble. — Je ne retourne point en Provence, Monsieur ; je ne quitte plus Paris. Seulement je sors de cet asile pour rentrer dans mon couvent. — Comment ? — Comme voyageur, comme missionnaire, j'avais obtenu de mes supérieurs une permission de vivre pendant plusieurs années loin de la retraite où j'ai prononcé mes vœux. Cette permission n'expire que dans six mois, il est vrai, je pourrais encore m'absenter du couvent; mais les chagrins de mes amis m'ont dégoûté de la liberté, de la vie même. Ces chagrins sont au comble (vous devinez bien que je parle de Berny); je ne puis y remédier. J'ai fait tout ce que j'ai pu pour les arrêter dans leur source : on ne m'a pas cru, on ne m'a pas écouté; aujourd'hui tout ce que je redoutais est arrivé. Un hypocrite s'est emparé du jeune homme, l'a poussé au vice, au crime même. Jules est en fuite; on ne le reverra peut-être jamais.... Eh! quand on le reverrait, il n'en serait pas moins perdu, ruiné !..... — Ruiné ? — Oui, oui, ruiné, je m'entends ; tout cela m'afflige, me décourage : et le devoir mettant aujourd'hui des bornes à l'amitié, je m'arrête, ne pouvant plus rien faire à tout cela. Je rentre dans notre maison ; j'y prie Dieu pour les infortunés que j'ai connus, et je ne quitte plus le pied des autels auxquels je me suis consacré. — Quoi, mon père ! vous abandonneriez ma malheureuse nièce, son époux mourant, toute cette famille à qui.... — Cette famille n'a suivi que sa tête, je suis la mienne : le sort qui l'attend d'ailleurs est trop affreux pour que mes yeux en soient les témoins. — Le sort, mon père, quel sort ? — Je sais ce que je dis ; je ne le sais que trop ce que je dis !

On apporte une lettre au père Augely; il n'en connaît pas l'écriture; mais sur la suscription seule, M. Dabin s'écrie : C'est de ma petite nièce; oui, cette lettre est d'Aloyse. Lisez vite, mon père; serait-il arrivé quelque événement ?....

Le père Augely lit :

« Pleurez, bon père; pleurez le
« meilleur de vos amis.... il n'est
« plus ! J'ai perdu mon oncle, mon
« bienfaiteur, mon appui, mon
« second père ! M. Berny vient de
« rendre le dernier soupir dans les
« bras de ma tante, dans les miens,
« dans ceux enfin de nos fidèles
« domestiques, qui tous font reten-
« tir la maison de leurs cris lamen-
« tables !... Moi-même !... si je trace
« à la hâte quelques lignes sur ce

« papier, vous le recevrez trempé
« de mes larmes !

« Ce matin, après que M. Dabin
« nous eut quittés pour aller à Pa-
« ris, mon oncle parut un peu plus
« calme qu'il ne l'avait été pendant
« la nuit. Je n'étais pas là; il se fit
« répéter par sa tendre épouse tous
« les détails des fautes de mon cou-
« sin. On lui lut et relut vos lettres,
« celles de M. Adalbert, le billet de
« Jules qui annonce son exil éter-
« nel.... Il devint pensif, et désira
« voir le curé d'Arancourt, qui s'em-
« pressa d'accourir. Mon oncle resta
« deux heures enfermé seul avec
« lui ; puis il nous demanda tous, et
« reçut, en notre présence, le saint
« viatique, avec la résignation du
« chrétien et du juste.

« Le jardinier lui apporta un

« billet qu'un étranger venait de re-
« mettre à la porte. Quel fut notre
« étonnement de reconnaître l'écri-
« ture de cet inconnu, dont mon
« oncle a déjà reçu plusieurs lettres
« anonymes ! Voici ce que contenait
« celle-ci :

« *Vous avez manqué de fermeté,*
« *Berny ! mais vous en êtes trop*
« *cruellement puni pour que j'a-*
« *joute à vos regrets. Ayez con-*
« *fiance en la miséricorde de Dieu,*
« *qui révoquera sans doute l'arrêt*
« *fatal dont un père vous accabla*
« *à ses derniers momens !.... Je le*
« *prie continuellement pour vous,*
« *ce Dieu de bonté... On me presse*
« *de vous voir.... J'y résiste en*
« *vain !.... Je sens que si vous*
« *existez encore demain, je puis*
« *me laisser entraîner et voler dans*

« *vos bras..... Je ne puis plus*
« *écrire... Adieu, Berny ! adieu !...*
« *peut-être pour jamais !*

« Mon oncle ajouta : Quel que
« soit cet inconnu, il me fait faire
« une réflexion bien douloureuse,
« mes amis ; c'est que la malédiction
« paternelle, même quand elle n'est
« pas méritée, amène toujours, tôt
« ou tard, la vengeance du ciel sur
« la tête du malheureux qui en est
« frappé.... Chère Aura..... ton in-
« digne fils !...

« Ce sont ses derniers mots ; il
« perdit soudain connaissance, et
« il expira à deux heures après
« midi !

« Ignorant où mon oncle Dabin
« est descendu à Paris, c'est à vous
« que j'apprends cette triste nou-
« velle, que vous lui communique-

« rez sans doute. En grace, bon
« père, ne nous abandonnez pas.
« Ma pauvre tante, moi, les gens,
« nous sommes tous au désespoir !

« Aloyse Duverceil ».

Nous verrons dans le volume suivant, la suite de tous ces événemens, et ce que deviendra ce coupable Jules, qu'un traître, qui veut attenter à sa liberté, ne perd pas de vue un seul instant.

FIN DU TROISIÈME VOLUME.

www.ingramcontent.com/pod-product-compliance
Lightning Source LLC
Chambersburg PA
CBHW070823170426
43200CB00007B/875